Der Coup, die Kuh, das Q

Das erstaunlichste Deutsch-Buch aller Zeiten

Von CUS

WILHELM HEYNE VERLAG
MÜNCHEN

FSC
Mix
Produktgruppe aus vorbildlich
bewirtschafteten Wäldern und
anderen kontrollierten Herkünften
Zert.-Nr. SGS-COC-001940
www.fsc.org
© 1996 Forest Stewardship Council

Verlagsgruppe Random House FSC-DEU-0100
Das FSC-zertifizierte Papier *Holmen Book Cream* für dieses Buch
liefert Holmen Paper, Hallstavik, Schweden.

2. Auflage
Taschenbucherstausgabe 02/2010

Copyright © Eichborn AG, Frankfurt am Main, Juli 2007
Der Wilhelm Heyne Verlag, München,
ist ein Verlag der Verlagsgruppe Random House GmbH
Umschlaggestaltung: Eisele Grafik-Design, München,
nach einer Idee von Christiane Hahn
Innenabbildungen: Bilder von Fürst Bismarck,
Lord Sandwich und Fürst Pückler auf Seite 74: © akg-images;
Foto von Lady Curzon auf Seite 74: © akg-images/British Library
Druck und Bindung: GGP Media GmbH, Pößneck
Printed in Germany 2010
ISBN: 978-3-453-68536-9

www.heyne.de

DAS SPIELFELD

Die Sprache und ihre Wörter sind oft die einzigen Spielzeuge, mit denen sich Erwachsene unbefangen beschäftigen. Um diese Spielzeuge geht es hier. Ich wollte der Sprache ein paar Geheimnisse entlocken. Viele davon lagen bislang weit verstreut – und nach manchen Kuriosa, so darf ich vermuten, hat bisher noch nie jemand auch nur gefragt.

Bevor Sie sich ins Vergnügen stürzen, noch ein paar Hinweise: Fast zu jedem kleinen Abschnitt gibt es eine Frage oder ein Rätsel. Die Lösung (oder zumindest *eine* Lösung) finden Sie stets gleich im Anschluss; in einigen Fällen gibt es zusätzliche Lösungen im Anhang.

Am Fuß jeder rechten Seite steht ein Bonmot aus dem *Kreuz mit den Worten*, dem vertrackten Kreuzworträtsel des SZ-Magazins, zusammen mit der Anzahl der Buchstaben des gesuchten Lösungswortes. Die Lösung dieser kleinen Bonmots finden Sie jeweils auf der nächsten Seite links unten.
Wenn im Folgenden von Duden die Rede ist, dann ist der aktuelle »Rechtschreib-Duden«, 24. Auflage, gemeint. Aber keine Sorge: Wenn Sie das Buch einfach zur amüsanten Lektüre in die Hand nehmen, brauchen Sie kein Wörterbuch. Der *Duden* ist das Referenzwerk für die Sprachspielereien dieses Buches – und er ist hilfreich, wenn Sie die Fragen selbst knacken wollen. Dazu habe ich manchmal seinen großen Bruder, das »Duden-Universalwörterbuch«, sowie den »Rechtschreib-Wahrig« und dessen großer Bruder, das »Deutsche Wörterbuch« von Wahrig, zu Rate gezogen.

Nicht jede Lösung im Buch muss der Weisheit letzter Schluss sein. Neues wird sich immer wieder ergeben.
Unter www.eichborn.de/cus können Sie dabei mitwirken; dort gibt es auch einige »Bonustracks«. Aber genug der Erklärungen. Tauchen wir ein in den ungeheuren Fundus unserer Muttersprache!

Aa: Das geht ja gut los
Was ist das einzige deutsche Wort, das wie eine Abkürzung ausgesprochen wird?

Gesucht ist ein richtiges Wort, keine Abkürzung und kein Kurzwort wie *Nato*.

> **Lösung:** Die Lösung stand bereits in der Überschrift: *Aa* machen kleine Kinder. Wer's nicht glaubt, sehe im Duden nach. Finden Sie das unappetitlich für den Anfang? Mag sein, doch mit Aa fängt ein Wörter-Buch nun mal an.
> Der Begriff *Abc* ist kein Wort, sondern halb Abkürzung (man spricht die einzelnen Buchstaben aus), halb Kürzel.

ABKÜRZUNGEN: Hybrid-Kürzel
Welche Abkürzung ändert unterwegs ihre Aussprache?

Es gibt verschiedene Arten, eine Abkürzung auszusprechen:

— Nie als Abkürzung ausgesprochen: Dr., Tel., MWSt.
— Buchstabe für Buchstabe: EU, BGB, ADAC
— Als Wort: Nato, Radar, WamS, TÜV
— Buchstabe für Buchstabe oder als Wort: FAZ, GUS, SARS

[**Einstweiliges Ende der Arbeiterbewegung (5 Buchstaben)**

— Der erste Buchstabe wird einzeln ausgesprochen, der Rest als Wort. Zwischen beiden steht kein Bindestrich (wie in U-Bahn) und kein Punkt.

Frage: Wissen Sie ein Beispiel für diese letzte Möglichkeit?

Lösung: WLAN, also der kabellose Zugang ins Internet. Ausgesprochen nicht W-L-A-N und auch nicht Wlan, sondern Welan (zum Glück nicht Dabbeljuh-Lan). Ebenso KFOR und MDAX. Bei E-Mail ist das E durch den Bindestrich von Mail getrennt, bei eBay ist es das große B im Wort.

ABTÖNUNGSPARTIKEL: Irgendwie und eigentlich
Welche Wörter verraten nichts und alles?

Partikel, das: kleines Teilchen
Partikel, die: Wortart
Partikel sind Wörter, die sich nie ändern, die also keine Endungen wechseln: *hier, da, von, über, einerseits*. Die seltsamsten Partikel sind die sogenannten Abtönungspartikel – Wörter, die normalerweise eine bestimmte Bedeutung haben, in diesem Zusammenhang aber *eigentlich* keine greifbare Aussage treffen. Trotzdem können sie für das Verständnis des Gesagten enorm wichtig sein. Wenn der Chef Ihnen einen Berg Arbeit auf den Tisch donnert und sagt: »Sie schaffen das *schon*«, hat das Wörtchen *schon* keine grammatische Funktion. Es ist eine Abtönungspartikel: Ohne *schon* hätte der Chef seine Überzeugung geäußert, dass Sie das schaffen werden (»Sie schaffen das. Ich habe *da* vollstes Vertrauen zu Ihnen«). Mit *schon* äußert er *ja irgendwie* Zweifel an Ihrer Schaffenskraft. Abtönungspartikel machen häufig Unsicherheit sichtbar: »Sehen wir uns *vielleicht irgendwie mal* wieder *oder so*?« fragt

der Nervöse (der, der die Frau *wohl* nicht kriegt). James Bond würde anders fragen: »Sehen wir uns wieder?« Ganze Partikel-Schleppzüge entstehen so, passen Sie *mal* auf in der U-Bahn, wenn Jugendliche miteinander reden – was die *nicht alles* sagen!
Abtönungspartikel machen Gefühle wie etwa Überraschung deutlich: »Das ist aber schön«, statt einfach nur konstatierend: »Das ist schön.«
Es gibt sogar eine Abfolgeregel für diese Mehrfach-Partikel im Satz: *ja* vor *halt* vor *doch* vor *einfach* vor *auch* vor *mal*.
Damit sind freilich noch lange nicht alle Partikel erfasst. Hier eine Auswahl:

> aber – auch – bloß – denn – doch – eben – eigentlich – etwa – halt – irgendwie – ja – mal – nicht – nur – oder so – ruhig – schon – so – übrigens – und so – vielleicht – wohl

Auch *mir*, *wir* oder *uns* kann den Partikeln ähnlich sein: »Mach *mir* keine Dummheiten.« »Wie geht's *uns denn*?« »Das heben *wir mal schön* wieder auf!«

ADJEKTIVE 1: Nasser Humor
Welche Adjektive haben kein Gegenteil?

Hoch und tief, kalt und warm – alle Adjektive haben ein Gegenteil, fast alle jedenfalls.
Frage: Finden Sie normale Adjektive, die kein geläufiges Gegenteil haben? *Allein* ist ein Beispiel. Viele Adjektive haben nur in bestimmten Bedeutungen kein Gegenteil: *Groß* etwa in der Bedeutung von *wesentlich*: »In großen Zügen« – dagegen

[Fernverkehr (10 Buchstaben)

kann man »in kleinen Zügen« nicht sagen. Ebenso ist ein »trockener Humor« nicht in »nassen Humor« umwandelbar. Hier einige Beispiele:

allein	allein sein
alt	alter Geizkragen
direkt	direkte Zugverbindung
ewig	ewiges Gejammer
gewiss	ein gewisser Herr Müller
groß	die großen Linien
heiß	heißer Favorit
hoch	im hohen Norden
laufend	die laufende Woche
müde	der Streiterei müde sein
offen	offener Wein
ordentlich	ein ordentliches Fest
rein	der reinste Irrsinn
sauber	das Kind ist noch nicht sauber
schlimm	schlimmer Finger
streng	streng verboten
technisch	technischer Fortschritt
trocken	trockener Humor
wahr	ein wahres Wunder

ADJEKTIVE 2: Die fehlende Mitte
Welches Adjektiv bezeichnet einen Mittelzustand?

Beim Betreten eines Hotelzimmers ruft ein Kind: »Das ist aber riechig hier.« Ein schönes Wort hat es erfunden, logisch abgeleitet und stimmig obendrein – ein Wort, das uns fehlt. Es duftet, oder es stinkt, aber dass es einfach nach irgendwas

---

Telefonsex]

riecht, offenbar weder angenehm noch unangenehm, dafür hatte unsere Sprache bis dahin kein Adjektiv. Endlich war der Geruch nach Reispapier im Hotelschrank treffend charakterisiert.

Adjektive bezeichnen meist nur Extreme, die Mittelbedeutung fehlt: Ein Mensch ist groß oder klein, aber ein Wort für »weder groß noch klein« gibt es nicht – »mittelgroß« ist da nur eine Notlösung. Hungrig statt satt, dazwischen ist wieder nichts. So geht es mit alt und jung, arm und reich, hoch und tief, eng und weit, richtig und falsch, voll und leer. Manchmal gibt es eine ganze Menge von Bezeichnungen zur Auswahl: schlank, dünn, mager, dürr versus dick, korpulent, füllig, fett. Wer aber weder dick noch dünn ist, bleibt ohne Leib-Eigenschaft. Wir behelfen uns mit Krücken, wenn wir von Mittelwerten sprechen: nur etwas hungrig sein, ziemlich satt, mäßig reich, mittelgroß, halbvoll (oder halbleer), okay, passabel, normal.

Manche Gegenteile bleiben unbenannt: Lachen verhält sich zu weinen wie lächeln zu was? Oder hungrig verhält sich zu satt wie durstig zu was?

Zurück zur Mittelbedeutung. Ganz ohne Wörter für Mittelzustände sind wir nicht: die Mitte zwischen *alle* und *keine* zum Beispiel: *einige, wenige, mehrere, etliche.*

Frage: Gesucht ist ein klassisches Begriffspaar, so wie eines der anfangs genannten (voll – leer, arm – reich usw.). Für dieses Begriffspaar gibt es ein Mittelwort mit nur drei Buchstaben, vermutlich das einzige echte Mittelwort im Deutschen. Und seltsam: Für dieses Mittelwort fallen mir gleich noch zwei weitere Synonyme ein. Wie lautet das Mittelwort?

Lösung: Zwischen heiß/warm und kühl/kalt liegt *lau*. Synonym zu lau ist *mild* und *lind* (ein lauer/milder/linder Sommerabend).

> ## Was sind die kürzesten Wörter?
> à (zwei Briefmarken à 55 Cent) – *i!* (igitt!) – '*n* (ein) – *o!* (o weh!) – '*s* (es)
> '*n* und '*s* sind, wenn auch im Duden verzeichnet, eigentlich nur Kurzformen. Als »echte« Wörter bleiben also à, i und o.

ADJEKTIVE 3: Gertenschlank und windelweich
Welche Verstärkungsformen gibt es nur ein einziges Mal?

Adjektive kann man nicht nur bis zum Superlativ steigern, sondern auch durch verstärkende Zusätze wie *blitz*sauber, *blitz*schnell, *bitter*kalt, *bitter*arm. Die gerade genannten Zusätze treten in Verbindung mit mehreren Adjektiven auf.
Frage: Welche Verstärkungen treten nur ein einziges Mal mit normalem Adjektiv auf? Ein paar Beispiele:
aalglatt – gertenschlank – kerzengerade – lammfromm – putzmunter – spindeldürr – sündteuer – topfeben – windelweich.
Welche anderen verstärkenden Zusätze gibt es? Hier eine Liste von Wörtern, die einen »exklusiven« Verstärker für sich haben – eine Verstärkung also, die es nur einmal gibt. (Zu manchen Adjektiven gibt es sogar mehrere einmalige Verstärkungen.) Finden Sie den verstärkenden Zusatz zu diesen Adjektiven? Auflösung Seite 241.

lang – hart – arm – fleißig – weich (2x) – leicht – wild – neu (3x) – bitter – grün – dünn – hoch (2x) – heimlich – klein – schwarz – bunt – tot – fidel – still – allein – dick – egal – nass (2x) – fest – hässlich – weiß – glatt – dürr – feind – nackt – billig – schief

ADJEKTIVE 4: Ein Röslein rot
Welche Adjektive stehen hinter dem Substantiv?

Im Deutschen und Englischen stehen die Adjektive in der Regel vor dem Substantiv. (Auf Bairisch auch dahinter: »Depp, damischer!«)
Manchmal stehen aber auch im Hochdeutschen Adjektive dahinter. Dort haben sie dann keine Endungen, was poetisch klingt: *Ein Röslein rot* wirkt viel schöner als *ein rotes Röslein*, zumal es die betonte Silbe nach hinten schiebt, was Dichtern entgegenkommt. Ein paar Beispiele für Adjektive, die auch hinter dem Substantiv stehen können:

Hänschen klein – Lebensfreude pur – mein Mann selig
hundert Mark bar – Fußball brutal/total – drei Meter tief
Kaviar satt – Schnitzel natur – Henkell trocken
Whisky pur – Champagner extra dry – Forelle blau

Das Adjektiv *klein* steht üblicherweise vor dem Substantiv (ein kleiner Hund), manchmal danach (Hänschen *klein*). Manche Wörter stehen häufig hinter dem Substantiv: *bar* und *pur* etwa.
Frage: Welche Adjektive stehen nie vor, sondern immer nach dem Substantiv? Es handelt sich um ein Gegensatzpaar (wie klein/groß).

Lösung: *junior/senior* wie in *Müller senior* – während Senior Müller (mit Substantiv Senior) etwas anderes bedeutet.

[(Claudia) Schiffers Bohlen (4)

ADJEKTIVE 5: Lecker Würstchen
Welche Adjektive werden nicht gebeugt?

Nachgestellte Adjektive werden nicht gebeugt (→ Adjektive 4: Ein Röslein *rot*). Fast immer aber stehen Adjektive vor dem Substantiv und werden dann gebeugt (ein *rotes* Röslein). Ungebeugt sind sie meist nur in festen Wendungen wie »auf gut Glück«.
Frage: Welche festen Wendungen dieser Art gibt es? Hier einige Beispiele:

> auf gut Glück – ruhig Blut – gut Ding will Weile haben – kein schöner Land – trocken Brot – römisch Eins – Kölnisch Wasser – aus ganz Deutschland

Ungebeugt sind manche Adjektive, die wie ein Superlativ verwendet werden:
> ein prima Schnitzel – eine super Sache – ein klasse Buch

AKROSTICHON: Shakespeares Mysterium
Wer versteckt sich in den Versen?

Ein Akrostichon fasst die Anfangsbuchstaben von Wörtern oder Verszeilen zu einem neuen Sinn zusammen. Ein bekannter Merkvers ist zum Beispiel: **M**ein **V**ater **e**rklärt **m**ir **j**eden **S**onntag **u**nseren **N**achthimmel. Die Anfangsbuchstaben stehen für die Anfangsbuchstaben der Planeten unseres Sonnensystems, von der Sonne aus gesehen: M = **M**erkur, dann geht es weiter mit **V**enus, **E**rde, **M**ars, **J**upiter, **S**aturn, **U**ranus und **N**eptun (neuerdings gilt der Pluto nicht mehr als Planet). Machen wir einen Sprung zu Shakespeare. In »Ein Sommernachtstraum« heißt es im englischen Original:

THOU SHALT REMAIN HERE, WHETHER THOU WILT OR NO?
I AM A SPIRIT OF NO COMMON RATE
THE SUMMER STILL DOTH TEND UPON MY STATE
AND I DO LOVE THEE. THEREFORE GO WITH ME
I'LL GIVE THEE FAIRIES TO ATTEND ON THEE
AND THEY SHALL FETCH THE JEWELS FROM THE DEEP ...

Egal, ob Sie das altertümliche Englisch verstehen oder nicht, können Sie trotzdem die **Frage** beantworten: Wer spricht hier? Die Person verrät sich sozusagen selbst.

Lösung: Es spricht Titania, die Heldin des Shakespear'schen Dramas. Lesen Sie nur die ersten Buchstaben jeder Verszeile, so ergibt sich von oben nach unten *TITAIA*. Nun muss man noch den zweiten Buchstaben des *And* einfügen, also *n*, und fertig ist *Titania*. Es ist nicht bekannt, ob Shakespeare das Akrostichon mit Absicht herstellte oder ob es nur ein Zufall ist. Ich halte es aber für Absicht, zumal Titania selbst diese Zeilen spricht.

ALPHABET: Traumnote fürs Limnoplankton
Was ist die längste alphabetische Buchstabenfolge?

Welche Wörter gibt es, in denen die Buchstaben *abc* hintereinander auftauchen? *abc*hecken zum Beispiel. Gut, weiter: Welche Wörter bieten *bcd*? Wie Sie unten sehen, kommen eine ganze Menge solcher alphabetischer Dreierfolgen im Duden vor. Dass es z.B. die Folge *lmn* nicht gibt, mag an der Willkür der Auswahl im Wörterbuch liegen – eine *Filmneuheit* kann man sich ja als Wort durchaus vorstellen.
Viererfolgen gibt es aber nur zwei. Eine davon verrate ich, weil sie nur einmal und nur in einem seltenen Wort vor-

[Adams männlichstes Körperteil (5)

kommt: Die Viererfolge *mnop* in Li*mno*plankton (= Süßwasser-Plankton). Hier zunächst die Liste der Dreierfolgen:

abchecken, **abc**ashen
bcd –
cde –
defekt
Ti**efg**ang
A**fgh**anistan
Ali**ghi**eri, Tra**ghi**mmel
Hijacker, Fudsch**ij**ama
Rijsw**ijk**
jkl –
KLM (nur als Abkürzung)
lmn –
Ate**mn**ot, Trau**mn**ote
Mo**n**opol, Bauer**nop**fer, **Nop**pe
opq – (im Duden Universal-Wörterbuch: **T**op**q**ualität)
pqr (nur als Abkürzung: S.P.Q.R.)
qrs –
Bo**rst**e, Du**rst**, e**rst**
Stuhl, **Stu**nde
Tuvalu
l**uvw**ärts
vwx, **wxy**, **xyz** –

Frage: Die hier gesuchte zweite Viererfolge kommt in einer ganzen Menge Wörter vor, einige davon sind normales Alltagsdeutsch. Wie lautet diese zweite Folge von vier Buchstaben? Auf Englisch sind auch vier Buchstaben das beste Ergebnis. Und seltsam: Auf Englisch gibt es genau die beiden

Apfel]

Viererfolgen wie im Deutschen auch. Die erste ist wieder *mnop*: li*mnop*lankton, gy*mnop*edia. Und die zweite?

> **Lösung:** *rstu* wie in e*rstu*nken, Leh*rstu*hl, Vo*rstu*fe, Obe*rstu*fe, Spe*rrstu*nde. Im Englischen gibt es ove*rstu*ffed.

ALPHABETISCHE REIHENFOLGE: Fix & Foxy
In welchen Wörtern treten alle Buchstaben alphabetisch geordnet auf?

Im ersten Rätselrennen 1990 fragten wir nach »Bekloppten Wörtern«. Das sind Wörter, deren Buchstaben alphabetisch sauber geordnet sind: Der erste Buchstabe des Wortes steht also am weitesten vorn im Alphabet, der zweite Buchstabe kommt im Alphabet dahinter, der dritte steht im Alphabet noch weiter hinten usw. Beispiel: *Fix* (*F* im Alphabet vor *i* vor *x*). Ebenso geht *Foxy*, *Abc*, *Abel* oder *aber*.
Auch *bekloppt* ließen wir damals gelten. Heute sehe ich das aber etwas enger: Der Doppelbuchstabe pp ist eigentlich nicht sauber, denn p steht im Alphabet nicht hinter p. Für das laufende Jahrtausend erkläre ich hiermit Doppelbuchstaben in »bekloppten Wörtern« für verboten.
Seltsam, wie wenige solcher Wörter es gibt, wenn wir mal die ganz kurzen mit zwei oder drei Buchstaben außer Acht lassen. Versuchen Sie mal, ein normales beklopptes Wort mit vier Buchstaben zu finden: *acht*, *Dino*, *erst*, *Hirt*, *Mops*. Weitere solche Wörter? Viel Erfolg!
Wenn Ihnen das nicht schwierig genug ist, versuchen Sie es mit längeren Wörtern; fünf Buchstaben können Sie in geselliger Runde vielleicht noch raten, ab sechs Buchstaben wird es knüppelhart – ich kenne nur vier Exemplare mit sechs

[Vorne rein, hinten rein, so mögen's Kardinäle gern (6)

Buchstaben, und keines ist ein gängiges Wort. (Oder Sie drehen den Spieß um und versuchen sich an der umgekehrten alphabetischen Ordnung: *Sofa*, *Urne* – hier muss der erste Buchstabe des Wortes im Alphabet hinter dem zweiten stehen usw.)

Frage: Was ist das längste »bekloppte Wort« in normaler alphabetischer Ordnung? (sieben Buchstaben; Plurale usw. gelten nicht.) Sie kennen das gesuchte Wort höchstwahrscheinlich – es tritt selten auf, ist aber kein Fremdwort.

3. Platz
Wörter mit fünf Buchstaben in alphabetischer Ordnung:
Abort – Achim – adeln – Adept – Bijou – Chino – Chlor – Delos – Demos – einst – Filou – First – Forst – Horst – Klops – Klotz – knorz

2. Platz
Wörter mit sechs Buchstaben:
behost – Chintz – Dehors – Dekort

1. Platz
Wort mit sieben Buchstaben:
??? (nur ein Exemplar bekannt: Lösung siehe S. 19)

Und hier das Ganze in umgekehrter alphabetischer Ordnung:

Wörter mit fünf Buchstaben:
Polka – solid – Sonja – Tonga – Trieb – Triga – Troia – ulkig – Uroma – Vroni – Wolga – Wolke – Ytong® – Zunge

---

purpur **]**

Wörter mit sechs Buchstaben:
   unlieb – wolkig – wurmig

Lösung: Das längste Wort in alphabetischer Reihenfolge ist *Beikost* mit sieben Buchstaben.

ANAGRAMME 1: Törichterweise österreichweit
Was sind die längsten Anagrammwörter?

Anagramm ist das Fachwort, wenn das Umstellen der Buchstaben eines Wortes oder Satzes einen neuen Sinn ergibt. Durch Umstellen der Buchstaben wird aus Tisch *Sicht* oder *Stich*, aus Palme *Lampe* oder *Ampel*, aus Giebel *Eigelb*, aus lachen *Chanel*, aus Ehering *Heringe* oder *Gehirne*, aus Ferienreise *Serienreife*. So ließe sich das immer weiterspinnen. Im Internet existieren längst Anagramm-Generatoren. Man gibt beliebige Wörter, Sätze oder Buchstabenfolgen ein, und der Generator spuckt alle denkbaren Wörter aus, die sich aus diesen Buchstaben bilden lassen. Eine Spezialform des Anagramms ist das → Palindrom.
Wollen Sie selbst Anagramme bilden? Mit den Buchstaben aus dem Scrabble-Spiel geht es am besten, ersatzweise genügen auch Papierschnipsel, auf die man einzelne Buchstaben schreibt, die man dann hin und her schiebt. Wer schafft das längste Wort?

Besonders nette Anagramme (alle im Wörterbuch):
   Abscheulichkeit – Beschaulichkeit
   Anstreicherin – Trainerschein
   Anzuchtgarten – Trachtenanzug
   Assimilation – Islamisation

[Afrikaff (4)

Dichterkreis – Kreidestrich
Erscheinungsform – Meinungsforscher
Fronteinsatz – Zitronensaft
gastfreundlich – Tarifdschungel
Morsezeichen – Ochsenziemer
Peitschenwurm – Wimperntusche
törichterweise – österreichweit

Nun einige Beispiele für Anagramme verschiedener Länge.
Die Lösungen stehen auf Seite 241.

Kurze Anagramme:
    Inder – eisern – Feier – Harfen – Geliebter

Anagrammwörter mit 12 Buchstaben:
    abschmettern – Arbeitskraft – aufstreichen –
    ausglitschen – Betatesterin – Brandursache –
    Deportierung – Dichterkreis – durchstechen –
    einschreiten – einstreichen – Erlebensfall –
    Erschafferin – Gazastreifen – Glasreiniger –
    Glockenstuhl – Landgemeinde – Laserpointer

Anagrammwörter mit 13 Buchstaben:
    algorithmisch – drunterliegen – einsichtsvoll –
    faksimilieren – Landstreicher – Maschinensatz –
    Minenarbeiter – Sozialrentner – Tagesereignis

Anagrammwörter mit 14 Buchstaben:
    dreigestrichen – Entschleierung –
    Entziehungskur – Fensterscheibe –
    gastfreundlich – Grenzausgleich –
    Leiharbeiterin – undemokratisch

Kral]

Anagrammwörter mit 15 Buchstaben:
    Amateurfunkerin – Fleischmaschine –
    Grundbesitzerin

Anagrammwörter mit 16 Buchstaben (ab hier gleich mit der Lösung):
    Erscheinungsform / Meinungsforscher
    Pathopsychologie / Psychopathologie

Anagrammwörter mit 18 Buchstaben:
    Arbeitsgemeinschaft / Gemeinschaftsarbeit
    Koalitionsregierung / Regierungskoalition

Das längste Stichwort im Wörterbuch, das sich in ein völlig anderes Wort umwandelt, ist also *Erscheinungsform/Meinungsforscher*. Die beiden Rekordhalter *Arbeitsgemeinschaft* und *Koalitionsregierung* sind fast → *Drehwörter*.
Eine Anagramm-Leiter führt von *einschreiten* über *einstreichen* zu *technisieren*.

ANAGRAMME 2: So dark the con of man
Wer verbirgt sich hinter ACHT BALLERINEN?

Anagramme sind in Kinofilmen beliebt – vielleicht, weil man den Denk- und Lösungsprozess sozusagen zeigen kann, wenn der Held durch Hin- und Herschieben der Buchstaben plötzlich einen neuen Sinn herausbekommt:
In »Das Schweigen der Lämmer« wird aus dem seltsamen Namen *Ned Sulfisie* der Hinweis *Eisensulfid* (auf Englisch ging das eleganter).

[**Also wirklich das Letzte, was wir noch auf den Deckel kriegen (4)**

In »Sakrileg« wird *So dark the con of man* zum Hinweis auf das Leonardo-Gemälde *Madonna of the rocks* – auch ein eher gequältes Anagramm.

In »Rosemary's Baby« wird der Name *Steven Marcato*, den die Heldin in einem Buch über schwarze Magie findet, zum Namen ihres Nachbarn *Roman Castevet*.

Hier nun eine harte Nuss: Im Preisrätsel des *Stern* stellten wir die **Frage**, welche weltbekannte Figur sich hinter »ACHT BALLERINEN« verbirgt. Wäre es das Rätselrennen des *SZ-Magazins* gewesen, hätte ich auch das noch einmal verrätseln können, z.B. indem man acht Ballerinen abbildet. Dann müsste man erst mal draufkommen, was damit nun wieder gemeint ist – acht Ballerinen, ja, oder auch acht Ballerinas oder acht Primaballerinen oder eine Balletttruppe oder … Aber im *Stern* sollte es nicht ganz so schwierig sein. Leicht war es trotzdem nicht. Die Lösung folgt unten. Und sie ist nicht so vertrackt wie im Rätselrennen 1993: Aus den Buchstaben des Wortes RADIALSCHMERZ sollte eine bekannte Persönlichkeit gebildet werden. Das schien unmöglich – geht aber doch, wenn man den Buchstaben **M** zu **W** umdreht und **Z** durch eine Vierteldrehung zu **N** macht. CHARLES DARWIN. Solche Dreher brauchen wir für ACHT BALLERINEN nicht.

> **Lösung:** Den Film »Das Schweigen der Lämmer« habe ich oben schon genannt. Der Erzbösewicht heißt *Hannibal Lecter*. Die Buchstaben seines Namens lassen sich zu *Acht Ballerinen* vertauschen. Ein Hauptproblem liegt darin, dass man das *ch* von ac*h*t auseinanderreißen muss für das einsame *c* in Lecter.

ANAGRAMMGLEICHUNG: Uno, dos, tres
Welche Gleichung geht nur im Englischen auf?

Auf Spanisch lässt sich berechnen:

    DOS + TRECE = TRES + DOCE
    (2 + 13 = 3 + 12)

Die Gleichung geht auf. Ebenso lassen sich die Buchstaben der beiden Zahlwörter links so umstellen, dass die beiden Zahlwörter rechts herauskommen – die Zahlen links sind also ein Anagramm zu den Zahlen rechts.

Weiter gilt:
    UNO + CATORCE = CUATRO + ONCE
    (1 + 14 = 4 + 11)

Frage: Welche Anagrammgleichung bieten englische Zahlen? Wieder kommen nur simple Zahlwörter von *one* bis *twelve* vor, und wieder darf jede Zahl nur einmal in der Gleichung auftauchen. Im Englischen gibt es aber nur eine Lösung und nicht zwei wie im Spanischen.

    Lösung: ELEVEN + TWO = TWELVE + ONE
        (11 + 2 = 12 +1)

[American Sexpress (4)

ANTONYM/GEGENTEIL: Untiefen der Bedeutung
Welche Wörter bedeuten ihr eigenes Gegenteil?

Was eine *Untiefe* sein soll, ist nicht klar: Ist sie *un*-tief, also das Gegenteil von tief, so wie *un*ähnlich das Gegenteil von ähnlich ist? Dann ist die Untiefe eine seichte Stelle. Oder steigert die Vorsilbe *Un* die Tiefe, wie bei *Un*wetter? Dann ist die Untiefe eine besonders tiefe Stelle. Der Sprachgebrauch mag sich auch nicht entscheiden und verwendet Untiefe in beiden Bedeutungen. (Eine dritte Variante der Vorsilbe *un* ändert gar nichts an der Bedeutung: Kosten oder *Un*kosten.)

Das Wort *frugal* für ein bescheidenes, ja kärgliches Mahl verstehen viele Leute nicht und meinen, es bedeute das Gegenteil (so beschreibt es der Große Fremdwörter-Duden): üppig, ausladend. Frugal klingt nach Frucht und Fruchtbarkeit, irgendwie bacchantisch.

So ungewöhnlich sind Wörter nicht, die ihr eigenes Gegenteil bedeuten: Im Lateinischen begegnet uns *altus* im Sinn von hoch oder tief und *sacer* bedeutet heilig und verflucht. Bei uns steckt *sacer* in *Sakrament* – eine besonders heilige Handlung wie auch ein Fluch (sakra!)

Wort	*bedeutet …*	*… auch das Gegenteil*
Boden	Erde	Dachboden
entfallen	was man nicht mehr hat	was man bekommt (1000 Euro entfallen auf …)
frugal	einfach (Speisen)	üppig (laut Fremdwörterduden)
für	für etwas	gegen (»ein Mittel für Schnupfen«)
Kredit	Geldzahlung	Zahlungsaufschub
nein	nein	ja

date]

Preis	Kosten	Gewinn (einen Preis gewinnen)
Sanktion	Billigung (sanktionieren)	Bestrafung (wie UNO-Sanktionen)
Untiefe	große Tiefe	seichte Stelle

Je nach Gebrauch schwanken:

grundsätzlich	immer (landläufig)	nicht immer (für Juristen)
prinzipiell	immer (landläufig)	nicht immer (für Juristen)
scheinbar	offenbar	nur zum Schein (korrekt)
nächsten Freitag	diese Woche	nächste Woche

Frage: Da ist noch ein klassisches Verb, das sein eigenes Gegenteil bedeutet. Oben ist es nicht aufgeführt. Auf Englisch gibt es ein ähnliches Verb – es bedeutet das Gleiche wie im Deutschen in beiden Bedeutungen. Wie lautet dieses Wort?

> **Lösung:** *übersehen*. 1. (von oben) übersehen = alles sehen; 2. etwas übersehen = etwas nicht sehen. Die gleichen beiden Bedeutungen hat das englische Verb *to overlook*.

→ Drehwörter

> Die allgemeine Großschreibung von Substantiven gibt es nur im Deutschen – und in welcher anderen Sprache?
>
> Letzebuergesch, eine der Staatssprachen von Luxemburg. Das Letzebuergesch ist eigentlich eine Form des Moselfränkischen. Dennoch ist es neben Französisch und Deutsch eine der drei Nationalsprachen Luxemburgs und damit von Amts wegen eine eigenständige Sprooch.

[Arm-selig (6)

ARTIKEL: Der oder die Gleichmut
Welche Wörter haben zwei Artikel?

Eine ganze Reihe von Wörtern kann sich mit zwei Artikeln verbinden, ohne dass sich die Bedeutung ändert:

die und das: Baguette – Besäufnis – Beschwer – Furore – Mail – Säumnis – Zero (Roulette)

der und die: Abscheu – Archäopteryx – CIA – Gleichmut – Grappa – Sphinx – Stasi

der und das: Alien – Aquädukt – Barock – Barometer – Bauer (Käfig) – Bonbon – FBI – Kondom – Pesto – Striptease – Zölibat – Zoom

Finden Sie weitere Beispiele? Unter www.eichborn.de/cus steht eine Liste solcher Wörter.

AUSDRÜCKE: Maulaffen und andere Fisimatenten
27 bekannte Wörter, von denen Sie bisher keine Ahnung hatten

Frage: Was bedeuten diese bekannten Wörter, die wir zwar verwenden, von denen wir aber meist nicht wissen, woher sie kommen?

balbieren	über den Löffel balbieren	Barbiere schoben zahnlosen Männern mit eingefallenen Wangen einen Löffel in den Mund, um sie besser rasieren zu können

Eremit]

Bohnenstroh	dumm wie Bohnenstroh	Bohnenstroh war wertloser Strohersatz
Daus	ei der Daus!	altes Wort für Teufel
Federlesens	kein Federlesens machen	das Entfusseln herrschaftlicher Kleider
Fersengeld	Fersengeld geben	Bußgeld eines Flüchtigen? Herkunft unsicher
Fisimatenten	Fisimatenten machen	Visite ma tente? Herkunft nicht geklärt (vgl. S. 76)
Garaus	jemandem den Garaus machen	Herdfeuer und Licht aus! Polizeistunde!
Hasenpanier	das Hasenpanier ergreifen	Schwanz des Hasen steht beim Weglaufen in die Höhe.
Holzauge	Holzauge sei wachsam	Astloch im Brett zum Durchsehen? Herkunft unsicher
Honigkuchenpferd	strahlen wie ein Honigkuchenpferd	glänzender Honigkuchen in Pferdeform
Hornberger	ausgehen wie das Hornberger Schießen	Alles Pulver war vor dem ersten Salut verschossen.
Kohldampf	Kohldampf schieben	Gaunersprache: Kohler/Koll = Hunger; Dampf = Hunger, Kohl-Dampf ist also Hungerhunger
Kuratel	unter Kuratel stehen	altes Wort für Vormundschaft
Leviten	die Leviten lesen	Leviticus = Bibel-Buch mit Vorschriften und Mahnungen
Maulaffen	Maulaffen feilhalten	Kienspanhalter in Kopfform, in dessen Maul man den Kienspan steckte

[Aus einer Fliege ein Abendessen machen (6)

Nagelprobe	die Nagelprobe machen	alte Trinksitte: den geleerten Becher zum Beweis dafür, dass er ganz leer ist, über dem Daumennagel umstülpen
Ölgötze	dastehen wie ein Ölgötze	Bildnis der schlafenden Jünger Jesu auf dem Ölberg
Pappenstiel	Das ist kein Pappenstiel!	Pappenblumenstiel = Pusteblumenstiel = Wertloses
Paroli	Paroli bieten	Verdoppelung des Einsatzes beim Kartenspielen (wie Kontra)
rümpfen	die Nase rümpfen	altes Wort für zusammenziehen
Schema F	nach Schema F	Formular Nr. F bei Preußens Heer
Schlafittchen	am Schlafittchen packen	evtl. von Schlagfittich = Schwungfeder des Gänseflügels
Schmalhans	da ist Schmalhans Küchenmeister	dünner Koch, weil er selbst nichts zu futtern hat
Strandhaubitze	voll wie eine Strandhaubitze	Haubitzen zur Küstenverteidigung stehen mit dem Rohr steil nach oben. Bei Regen laufen sie leicht voll.
Unbilden	Unbilden des Wetters	von Unbill (ein Übel)
Urständ	fröhliche Urständ feiern	altes Wort für Auferstehung
Verzug	Gefahr im Verzug	Verzug meint »Verzögerung«; die Gefahr ist also nicht etwa im »Anzug« (wie ein Gewitter), sondern droht, wenn man zögert.

angeln]

AUSSPRACHE: Die mysteriöse Endung -ie
Welches Endungs-e spricht man (nicht) aus?

Wie spricht man eigentlich die Endung -ie aus? Entweder man hört das letzte -e:

> Aktie – Arie – Bestie – Familie – Furie – Hostie – Immobilie – Kastanie – Komödie – Kurie – Linie – Petersilie – Serie – Tragödie

Oder man spricht und hört das letzte -e nicht:

> Demokratie – Fantasie – Garantie – Genie – Kategorie – Kolonie – Partie – Philosophie – Softie – Sympathie

Welches System hinter diesen Ausspracheformen steckt? **Faustregel:** Wörter, die – direkt oder indirekt – über das Lateinische zu uns kamen, enden mit hörbarem -e: *Familie*, auch *Tragödie*; und sogar die *Funkie* (Blume) gehört wegen der latinisierenden Nomenklatur in der Botanik hierher – obwohl sie nach dem deutschen Apotheker Funk benannt wurde.
Dagegen bleibt das -e stumm bei Wörtern, die wie direkt aus dem Griechischen oder dem Französischen übernommen haben.
Frage: Welche Wörter kann man sowohl mit -ie aussprechen (wie Aktie) als auch mit -i (wie Partie)? Es gibt mehrere solcher Wörter, aber nur eins davon ist wirklich bekannt – und zwar in beiden Ausspracheformen.

> **Lösung:** Am bekanntesten ist die *Zeremonie*. Entweder hört man nur -i oder man spricht auch noch – wie zum Beispiel in Österreich – das letzte e mit. Ähnlich geht es den Vornamen *Luzie* und *Natalie*.

[**Balzerkönig von Ayers Rock (3)**

AUSSPRACHE: Mit Vogel-F und Fenster-V
Welche Wörter spricht man mit Vogel-F?

Der Laut f wird im Deutschen dreifach dargestellt: f, v und ph. Uns interessieren hier nur f und v. Das v wird in Wörtern deutschen Ursprungs wie f gesprochen: *Vater, viel, von, Veilchen, Volk.*

In Fremdwörtern wird es meist wie *w* gesprochen: *Vase, Vanille, violett, Votum.* Ein rechter Bayer spricht auch dieses v wie f aus: *Fanill, fiolett.* Ein Fauxpas wäre es, Karl *Valentin* wie *Walentin* auszusprechen – er heißt in Bayern *Falentin.* Fragen Nordlichter in München nach dem *Viktualienmarkt,* führt die bajuwarische Antwort bei den Touristen unweigerlich zu hochgezogenen Augenbrauen.

In Ortsnamen wird V fast durchweg mit Vogel-F ausgesprochen: *Varel, Venn, Verden, Villach, Villingen, Vilshofen, Kröv, Havel, Bremerhaven.* Der *Vintschgau* ist ein F-Fall, das *Veltlin* noch nahe der Sprachgrenze können wir mit f oder w aussprechen, der *Vatikan* hat ein w.

Das v am Wortende sprechen wir auch bei Fremdwörtern oft wie f: *Motiv, massiv, Nerv.* Trotzdem: Grundsätzlich wird v in deutschen Wörtern mit Vogel-F ausgesprochen, in Fremdwörtern mit w.

Frage: Welche bekannten Fremdwörter mit V am Anfang oder mitten im Wort kann oder muss man mit f aussprechen?

> **Lösung:** *Vers* (»fers«, aber *Versailles, Versace), Pulver, Larve, evangelisch, Vesper, November. Vize* kann man so oder so aussprechen. Ein Grenzfall ist *brav/braver.*

AUSSPRACHE: Pömps statt Pamps
Welche Fremdwörter sprechen wir ganz daneben aus?

Warum sagen wir zu dem englischen Wort Pumps *Pömps*? Irgendein deutscher Schulmeister befand, dass die korrekte Aussprache für die Damenschuhe Pömps sei. Engländer lachen darüber: Sie sprechen Pumps ganz normal *Pamps* aus, wie in *Pump Gun*. Analog verhunzen wir den Bluff als *Blöff*.

Frage: Es gibt noch ein Fremdwort, das wir aus dem Englischen importiert haben. Es wird wie Pumps mit u geschrieben und bei uns mit ö ausgesprochen, auf Englisch aber mit a. Das Wort ist bekannter als Pumps. Wie lautet das Wort? Es ist übrigens nicht der *Butler*, für den der Aussprache-Duden die a-Version und die ö-Version zulässt.

Weil wir gerade dabei sind – aus dem Französischen gefällt mir die deutsche Sonderaussprache von *Bulletin* am besten: Der Regierungssprecher in Berlin setzt sein bestes Französisch auf, spitzt die Lippen, und heraus kommt etwa *Bühjetöh*. Hätte er sich auch sparen können, auf Französisch heißt es einfach *bülltöh*.

Lösung: Ebenso falsch wie Pömps sprechen wir *Curry* aus. Auch den *Cut* (Cutaway) hört man manchmal mit ö.

AUSSPRACHE – GLEICHE WÖRTER:
Louschn oder Lozion?
Verschiedene Aussprache für ein Wort

Jeder kennt das Problem bei *China*: Sagt man Ch-ina oder Kina oder, wie auch zu hören, Schina? *Chile* wartet ebenfalls

[Beförderte Jeanne d'Arc de la vie à Dieu (3)

mit drei Varianten auf: Ch-ile, Schile oder Tschile. Gerade bei Fremdwörtern wissen wir oft nicht, wie wir sie aussprechen sollen. »Zülinder« oder »Zilinder«?

Ich war lange Jahre davon überzeugt, dass *Layout* ein französisches Wort sei, und hätte dementsprechend »Laju« gesagt. Beinahe hätte ich mich in der Redaktion unsterblich blamiert, doch bevor ich den Mund aufbekam, sprach jemand von »Läjaut«, und so stellte ich blitzeschnelle den Bezug zu »Laju« her.

Frage: Welche Wörter lassen sich verschieden aussprechen? Zwei oder mehr Aussprachevarianten haben zum Beispiel:

> Aborigine – Balkon – Beirut – Beton – Bluff – Butler – Chile – China – Curry – Cut – Final – Jazz – Klassement – Kuwait – Lotion – Montreal – New Orleans – Pension – Polaroid – Portmonee – Ren – Revers – Roger – Sergeant – Spiritual – Tab – zappen – Zigarillo – Zylinder

Nicht gerechnet habe ich viele Wörter mit kleineren Aussprache-Varianten, wie bei *Stil* das affektierte *S-til*.

Wenn es zwei Möglichkeiten gibt, sagt man im Englischen bekanntlich: *either – or* (= entweder – oder). Witzigerweise gibt es gerade für das Wort *either* zwei Möglichkeiten der Aussprache: Die Amerikaner sprechen es stets mit i- aus (»iither«), die Engländer mit ei- (»either«).

Viele Fremdwörter ändern im Deutschen ihre Aussprache (*Route*, auf Deutsch mit hörbarem e), manche auch ihre Betonung. Aus *discount* wird unser *Discount*.

Ein Sonderfall der Ausspracheveränderung ist die reine Änderung der Betonung bei sonst gleicher Aussprache (*Mama*,

---

feu (französisch Feuer) **]**

aber *Frau Mama*). Im Einzelfall kann die Unterscheidung schwierig sein wie bei *Zeremonie*: Das Wort lässt sich auf zwei verschiedene Arten aussprechen – mit hörbarem oder ohne hörbares *-e* am Ende. Und je nach Aussprache ändert sich gleichzeitig die Betonung.
→ Betonung

AUSSPRACHE – VERSCHIEDENE WÖRTER:
Das Rentier und der Rentier
Welche Wörter ändern mit der Aussprache auch ihre Bedeutung?

Oft genug gibt es Wörter, die wir entweder französisch oder englisch aussprechen, mit verschiedenen Bedeutungen:

> Service (guter Service; ein Tee-Service)
> Bourbon (Whiskey oder Königsgeschlecht)
> Empire (britisches Weltreich oder Kunststil)

Häufiger funktioniert das noch mit Wörtern, die eine deutsche und eine ausländische Aussprache haben: das *Rentier* und der *Rentier*, der *Gang* und die *Gang* (Bande). Gesucht sind Wörter, die gleich geschrieben, aber verschieden ausgesprochen werden – und die dabei noch ihre Bedeutung verändern. Um die Sache einfacher zu machen, können Sie dabei auch Wörter gelten lassen, die ihre Bedeutung trotz verschiedener Aussprachen nicht verändern wie *Lotion* (Louschn oder Lozion; siehe vorhergehender Eintrag). Wenn Sie es gern schwieriger haben, können Sie auch Wörter suchen, die man großgeschrieben anders ausspricht als kleingeschrieben.

[**Der Bruch, den man beim Weine hebt (7)**

Hier einige Beispiele:

> Adelaide – Back – Beige – Bernstein – Boot – Change – Department – Derby – Drums – Eis – Empire – Fort/fort – Franchise – Fronde – Funk – Gang – Grand – Gros – Guinea – Habit – Hacker – handeln – Hochzeit – Jean – Jersey – Job – Jus – Komplet – Lieschen – Lob – Lot – Man/man – Manual – Mariner – Maser – Memorial – Nancy – Palm – Patron – Peer – Per/per – Pipe – Proliferation – Promotion – Putt – Quark – Rand – Rentier – Revers – Rosette – Segregation – Service – skaten – Stepperin – Stereo/stereo – Talk – Tee – Virginia – Watt – Weg/weg

Nicht im Duden verzeichnet sind z.B. die verschiedenen Ausspracheformen von *hyper, Limes* (auch Erdbeer-Limes) und *Diner. Montage* ist auch der Plural von *Montag*. Der Ausspracheduden enthält eine Fülle von Beispielen, die im normalen Rechtschreib-Duden nicht vorkommen, z.B.

> George – Grant – Maxime – Restauration – Superior – Tag – Job

BEDEUTUNG: 5 x Puff, 5 x Rose
Welches normale Wort hat sechs verschiedene Bedeutungen?

Manche Wörter haben mehr als nur eine Bedeutung. Beispiel: Die *Mangel* im Wäschekeller hat hoffentlich keinen *Mangel*. Manche Wörter haben mehr als zwei Bedeutungen (vgl. folgende Liste). Zuweilen wird behauptet, ein Wort wie z.B. *Lauf* habe Dutzende Bedeutungen wie in Dauerlauf,

Pistolenlauf, einen Lauf haben usw. Das mag sein, aber ich ziehe objektive Kriterien vor. Hier erhalten nur Wörter Zutritt, die mit mindestens drei verschiedenen Einträgen im Duden verzeichnet sind (gleich, ob groß oder klein geschrieben, ob mit Akzent oder ohne). Der *Lauf* taucht da nur einmal auf, *Mangel* bietet zwei Einträge und *Stift* drei (Bleistift, Klosterstift, Lehrling). Die Wörter mit sechs und sieben Duden-Einträgen bestehen nur aus zwei Buchstaben – bis auf ein Stichwort.
Frage: Es gibt ein ganz normales Wort mit fünf Buchstaben, das im Duden gleich sechs verschiedene Einträge aufweist. Es ist keine Abkürzung. Welches Wort ist das?

Drei Bedeutungen haben:
Acht – Alpaka – Boston – Dom – Estremadura – Gig – Ging – Grand – Handeln – Hyazinth – Jersey – Juno – Koks – Kongo – Korpus – Küchlein – Kunde – Lahn – Lot – Luxemburg – March – Merkur – Messe – Mikado – Mull – Nickel – Orléans – Pik – Quart – Reff – Reunion – Revers – Riese – Römer – Schotte – Schütz – Senne – Set – Single – Sol – Star – stieren – Stift – Stock – Strauß – Tau – Tee – Treff – Triton – Viktoria – Viola – Virginia – Washington – Watt – weh – Wolf – Zweig

Vier Bedeutungen haben:
Band – Er – Finne – Jura – Man – Mark – Ort – Reihen – Reis – Schauer – Schote – Schwarze – Wehe

Fünf Bedeutungen haben:
Bar – Puff – Re – Rose

[Belastet die Nichturlaubskasse über Gebühr (6)

Sechs Bedeutungen hat:
   As

Sieben Bedeutungen hat:
   Es

Manche Wortkaskaden tauchen hier nur teilweise auf. Beispiel: Schot steht 1x im Duden, Schote 4x, Schott 2x, Schotte 3x, Schotten 2x. Oder Stift 3x, stiften 2x, Stifter 2x.
Die Abkürzung *pp* taucht, in verschiedenen Schreibweisen, sechsmal auf – Rekord für Abkürzungen mit mehr als einem Buchstaben?

> **Lösung:** Sechs Bedeutungen und fünf Buchstaben hat der *Atlas*. Der Atlas ist eine Sagengestalt, ein Buch, ein Gebälkträger, ein Gebirge, ein Halswirbel und ein Seidengewebe. (Als Schmetterling heißt er meist *Atlasspinner*.)

BETONUNG 1: Gerösteter Ballast
Welche Wörter kann man verschieden betonen, ohne dass sich der Sinn ändert?

Im Deutschen liegt die Betonung meistens auf der ersten Silbe – mit vielen Ausnahmen. Im Schweizerdeutschen ist die Betonung vorne viel deutlicher ausgeprägt. VW wird auf Vau betont, nicht auf We. Ebenso salut oder Gitarre.
Meine niederbayrische Verwandtschaft in Pfarrkirchen betont den *Gartlberg* über dem Städtchen stets auf -berg, also Gartlberg – eine Tatsache, die nicht wenig zu meiner Faszi-

---

Storno]

nation für diesen Wallfahrtsort seit meinen frühen Kindheitstagen beigetragen hat. Durch Pfarrkirchen verläuft die Passauer Straße, wie man da halt sagt, und einkehren tut man gern und gut beim Schachtlwirt.
Ich hielt dies lange für eine niederbayrische Besonderheit, bis ich über den Namen *Plötzensee* in Berlin stolperte. Der Name wird hinten, also auf -see betont (wie ja auch Berlin). Das wäre vielleicht nicht so ungewöhnlich, gäbe es in Berlin nicht auch den Weißensee. Und den Namen kannte ich ganz anders, als Weißensee bei Füssen im Allgäu. Andere Seen gleichen Namens in Thüringen und Kärnten werden ebenfalls vorne betont. Nicht aber das Berliner Exemplar.
Wie ich höre, betonen alte Stuttgarter ihre lokalen Namen *Rotenberg* und *Schönbühl* auch auf der hinteren Silbe. Berlin, Niederbayern, Stuttgart – es scheint sich also um ein Phänomen zu handeln, das quer durch den Sprachraum an verschiedenen Stellen auftaucht.
Wörter, die wir verschieden betonen oder dehnen können, ohne dass sich der Sinn ändert:

ausdrücklich – ausgerechnet – Ballast – buchhalterisch – Chef – Kaffee – Mama – Mecklenburg – Motor – Papa – Ren – rösten – überall – Zeremonie

Die zwei Aussprachevarianten für *rösten* (mit kurzem oder langem ö) kennt nur der Aussprache-Duden.
Ich habe die vielen Wörter mit Vorsilben nicht gelistet, die vorne oder hinten betont werden können wie eben- (ebendeshalb), hier- (hierzu), in- (Inkompetenz), irre- (irrelevant), un- (unbenommen, unglaublich).

[Brachte es zu mehr als nur zur Vatikandidatin (5)

Manche Wörter ändern die Betonung im Plural: M*o*tor, aber die Mot*o*ren.

Ob es nun *b*uc*h*halterisch oder buchhalt*e*risch heißt, mag Geschmackssache sein. Für das Wort *Imprimatur*, die Druckfreigabe für Zeitschriftenartikel oder Bücher, gibt es nur eine richtige Betonung: *Imprim*a*tur*. Das Wort wird nicht wie *Inventur* hinten betont, sondern ist ein Verb im lateinischen Passiv: *Imprimatur* – es werde gedruckt!

Die Bedeutung kann sich auch bei zwei Wörtern hintereinander ändern, je nachdem, welches Wort betont ist: »Dies ist eine A̱rt Wein, die mir schmeckt« oder: »Dies ist zwar eine Art We̱in, aber es schmeckt mir nicht.«

Von welchem Gericht isst man in Berlin nur die vordere Hälfte, in Wien aber nur die hintere?

In Berlin gibt es *Döner*, in Wien setzt es *Kebab* – beides meint das Gleiche und steht für *Döner Kebab*.

BETONUNG 2: Das perfekte Perfekt
Welche Wörter ändern ihren Sinn mit der Betonung?

Als Jurastudent fand ich den *Erblasser* ein irgendwie passendes Wort. So ähnlich ging es mir mit *erblich* – hinten betont die Vergangenheit von *erbleichen*.

Steinreich ist kein Bauer, dessen Acker stei̱nreich ist. Oft sorgen verschiedene Betonungen auch für verschiedene Bedeutungen, wie bei *umfahren*: Einen plötzlich auftauchenden Fußgänger umfa̱hren ist ein Kunststück – ihn u̱mfahren ist

---

Mutti]

fatal. Altbundespräsident *Roman* Herzog oder Regisseur *Roman* Polanski treten dem *Roman* in Buchform entgegen. Das bekannteste Beispiel ist wohl *übersetzen*. Ein Buch über<u>setz</u>en, aber mit dem Boot <u>über</u>setzen. Solche Bedeutungsunterschiede stehen seitenweise im Wörterbuch, und zwar bei einigen Vorsilben wie

durch-	Der Kaffee ist durchgelaufen	alle Stationen durchlaufen
über-	das Wasser läuft über	der Strand ist überlaufen
um-	er umfährt den Baum	er fährt den Baum um
unter-	einen Pulli unterziehen	sich einem Test unterziehen
wieder-	den Stock wiederholen	den Stoff wiederholen

Abgesehen von den zahlreichen Wörtern mit Standard-Vorsilben ändern folgende Wörter mit der Betonung auch ihren Sinn:

aktiv/Aktiv – Algol – Anna – August – Bruch – Curaçao – Delaware – egal – eisglatt – Elektron – erlangen/Erlangen – Essener – fidel/Fidel – hallo/Hallo – Heroin – hinterbringen – hintergehen – hinweg/Hinweg – Humor – informell – Kanton – Kolleg – Konsum – Krater – Kredit – Kreszenz – Küchlein – Latsche – Lepton – Major – matern – Model – modeln – modern – Modul – na – Nobel – Pentagon – Perfekt/perfekt – Ren – Spiritus – staubtrocken – steinreich – Tenor – Umdrehung – unerhört – Viola – Walhalla – Zärte

Sogar ein Wörtchen wie *na* kann sich ändern – kurz gesprochen ist es *na?* Lang gesagt ist es – in München und Wien – ein *Nein*.

[Das Loch überm Kopf gibt Autofahrern hitzefrei (4)

Nur der Aussprachduden kennt diese Unterschiede:
Anton – Cognac – Deist – Maria – Met – Roman – Session

Frage: Die Stadt *New Orleans* kann man New <u>Or</u>leans oder New Orl<u>ea</u>ns betont, die Bedeutung bleibt gleich. Welche zwei bekannten Städte, eine große und eine kleine, ändern mit der Betonung auch ihre Bedeutung?

    Lösung: *Paris* (vorn betont: Sagengestalt) und *Konstanz* (hinten betont: Gleichmaß).
→ Aussprache; Einwohner

BETONUNG 3: Mänäptehoi
Was bedeutet Mänäptehoi?

Sie kennen die chinesischen Minister wie *Um-lei-tung*, den chinesischen Verkehrsminister, oder seinen Kollegen *Plei-te*, den Finanzminister. Als Jugendliche ersannen wir weitere Minister, wie den israelischen Wintersportbeauftragten *Schlalom,* oder diverse chinesische Amtsträger in meiner bairischen Muttersprache:
Kimt-der-a-no (Chinesischer Minister für Fremdenverkehr) und *D'Sun scheint sche kamma ned gscheid schaung* (Chinesischer Minister für die Schattenseiten des Lebens). Oder der japanische Hermaphrodit: *Kamushi Kasaki*.
Solche Sprachspiele gehen landauf, landab durch Hochsprache und Dialekte. Fast als allgemein bekannt dürften Betonungsspiele wie
Münsterländer, Hinsterbender, Stiefenkelchen, Benebelter
gelten, neben den unvermeidlichen *Blumento-Pferden* und dem unsterblichen *O Bertasee* natürlich. Seit langem populär,

---

Ozon]

doch für viele Leute immer noch rätselhaft ist *äptebeeten* in seiner phonetischen Schreibweise.
Frage: Können Sie den tieferen Sinn hinter diesen Zeilen entdecken?

        mänäptehoi?
        äptemännihoi
        äptebeeten

Lösung: Alle Wörter sind nur phonetisch, also nach Klang geschrieben. Geschrieben wirken sie nicht besonders, gesprochen sind sie erst mal sehr rätselhaft:

        mänäptehoi?
Mähen Äbte Heu? (Äbte = Plural von Abt eines Klosters)
        äptemännihoi
Äbte mähen nie Heu (klar, weil Heu bereits gemähtes Gras ist)
        äptebeeten
        Äbte beten

BEUGUNG: Mika-Häkkisen-Platz
Welche Wörter können sich am Anfang oder in der Mitte verändern?

Nach der Formel-1-Legende Mika Häkkinen ist ein Platz in seinem finnischen Heimatort benannt. Aufgrund einer Besonderheit des Finnischen heißt der Platz nicht Mika-Häkkinen-Platz oder -Aukio (finnisch für Platz), sondern *Mika Häkkisen-Aukio*. Wir wollen unseren kleinen Exkurs ins Finnische nicht fortführen, so interessant es auch wäre. Wir wollen Wörter suchen, die sich auch im Deutschen je nachdem verändern.

An dieser Stelle geht es also mal nicht um Endungen. Karl Valentin war nicht der Erste, der den Plural innerhalb des Wortes erfand: Semmel*n*knödeln (weil so ein Semmelknödel ja aus mehreren Semmeln gemacht ist). Christian Morgenstern beugte den Werwolf: Der Werwolf ..., des Weswolfs ..., dem Wemwolfe.

Frage: Was kann sich am Anfang oder in der Mitte des Wortes ändern?

Zunächst wieder Fremdwörter, die aber in deutschen Wörterbüchern stehen: *Mon*sieur wird im Plural zu *Mes*sieurs, *Ma*dame zu *Mes*dames, *Ma*demoiselle zu *Mes*demoiselles. Dann gibt es die schönen Wörter *Singularetantum* (Wort, das nur im Singular stehen kann wie *All*) und *Pluraletantum* (Wort, das nur im Plural stehen kann wie *Kosten*). In den Plural gesetzt, verändert sich nur der erste Bestandteil des Wortes: *Singulariatantum* und *Pluraliatantum*. Stark, was?

Frage: Gibt es außer einer Handvoll Fremdwörter auch deutsche Wörter mit dieser Eigenschaft?

* einige Pluralformen, Beispiel: Mutter/M*ü*tter
* trennbare Verben, Beispiel: einlaufen, ein*ge*laufen
* derjenige, de*m*jenigen, derselbe, de*m*selben
* zusammengesetzte Adjektive bei der Steigerung,
  Beispiel: geringwertig, ger*inger*wertig, gering*st*wertig
* einige seltsame Substantive wie der Dumme*j*ungenstreich und die Dumme*nj*ungenstreiche. Der Duden will das verhindern und zerreißt das Wort mittels Bindestrichen: die Dummen-Jungen-Streiche. Der Wahrig lässt aber die Flexion innerhalb des einen, zusammenhängenden Wortes zu, ebenso die Duden-Grammatik: die Armesünderglocke, die Arme*n*sünderglocke*n*.

Havanna]

* die Langeweile. Beispiel: Die Folgen der Lange*n*weile oder Langeweile. Aus Lange*r*weile oder Langeweile.

Bei Beugung von *lange* will der Duden trennen (aus langer Weile), der Wahrig aber nicht. Das große Duden-Universal-Wörterbuch schweigt dazu; die Vorauflage folgt dem Wahrig.

→ Plural

BILDERRÄTSEL: Paul & Willem
Welche bekannten Personen stellen diese beiden Bilderrätsel dar?

Frage 1: Wie heißt diese bekannte, rätselhaft dargestellte Persönlichkeit?
Ein kleiner Rechtschreibfehler stört uns dabei nicht.
Hinweis: Der Strich unter WIL hat schon seine Bedeutung.

WIL

[Da wird man ein letztes Mal herablassend behandelt (4)

Aus diesem Genre gibt es noch ein weiteres Prachtexemplar:

GRUB

Frage 2: Welche bekannte Persönlichkeit ist hier rätselhaft dargestellt? Auch hier gilt: Ein kleiner Rechtschreibfehler in der Lösung stört uns nicht.

> **Lösung 1:** Wil-Helm liest ein jeder erst einmal, und das passt verdächtig gut zur Pickelhaube. Doch was soll der Bruchstrich in der Mitte?
> Wer Wil-helm liest, also den Bruchstrich einfach nicht beachtet, müsste auch 1/4 wie »ein-vier« lesen. Der Bruchstrich sagt uns aber, dass aus der »vier« ein »Viertel« wird: Oder aus 1/5 ein Fünf-tel, aus 1/6 ein Sechs-tel. Genauso ergeht es auch Wil & Helm: Der Bruchstrich macht daraus Wil-Helm-tel. Und den kennen Sie, nicht wahr? Jedenfalls, wenn man noch ein l hinzufügt (der kleine Rechtschreibfehler, Sie verzeihen): Wilhelm Tell.
> **Lösung 2:** Grub, Grub, hm. Rasch kommen viele Rater darauf, dass GRUB von hinten BURG heißt. Weiter kommen sie nicht, obwohl der Rater die Lösung bereits selbst genannt hat. Von hinten Burg? Ach ja, von Hindenburg!

→ Rebus

Grab]

BITTE LÄCHELN: Whisky, please!
Was sagt man im Ausland zu »bitte lächeln«?

Auf Deutsch gibt es kein Lächelwort vor der Kamera. Stattdessen sagt man gerade heraus: »Bitte lächeln!«, oder behilft sich mit dem kleinen Vögelchen, das gleich aus der Kamera geflogen kommt.

Andere Sprachen sind da erfindungsreicher. Fast überall gibt es ein bestimmtes Wort, das helfen soll, die Mundwinkel auseinanderzuziehen. *Cheese!* sagen die Angelsachsen dazu. *Salami!* hat sich in einigen anderen Ländern durchgesetzt. Die Schweden meinen *Omelett!* (auf Schwedisch natürlich), die Koreaner *Kohl!*

Eine Busladung Japaner, die *Whisky! Whisky!* ruft, sitzt nicht auf dem Trockenen, sondern möchte nur, dass alles noch mehr als sonst lächelt. Dass die Dänen angeblich *Appelsin!* sagten, ist wohl eine im Internet verbreitete Legende, denn Dänen ist das Wort in diesem Zusammenhang unbekannt. Sie sagen stattdessen einfach *cheese!*

Insgesamt schwingt wohl die Überlegung mit: Was Japaner gern trinken und anderswo Kinder gern essen, bringt sie auch zum Lächeln.

Frage: Neben *Salami!* ist ein anderer kulinarischer Begriff in vielen Ländern verbreitet, vom Mittelmeer bis nach Sibirien. Wie lautet dieser Begriff?

> **Lösung:** *Spaghetti!* ist der vielleicht in den meisten Ländern gebrauchte Begriff – so unter anderem in Russland.

[Damit hat schon mancher kein gutes Häufchen gemacht (5)

BLENDING: Zölibazi statt Schweißheilige
Welche Wörter heiraten?

Mit dem englischen Wort Blending bezeichnet man zwei Wörter, aus denen eins wird. In Alltagssprache, Werbesprüchen und Schlagzeilen sind solche Wortspiele populär, weil sie uns oft kurz rätseln lassen und zur Auflösung einen Wortwitz bieten. Beispiele:

Bankfurt – Brunch – denglisch – franglais – instandbesetzen – jein – Kurlaub – Mainhattan – Motel – Smog – Teuro – verschlimmbessern

Aus Werbung und Schlagzeilen:
Cambozola – Kultour – Literatour – Schweißheilige – Sparadies – unnachrahmlich – Zölibazi

Dem *Attentäter* sehen wir kaum mehr an, dass sich der deutsche *Täter* dem französischen *attentat* vermählt.
Worthochzeiten dieser Art eignen sich hervorragend für Wortspiele. Es gehört allerdings Phantasie und Wortwitz dazu, die Wörter erst zu verheiraten und dann wieder voneinander zu scheiden. Beispiel: *Heuröko!* lautet eine Umschreibung im vertrackten Kreuzworträtsel »Das Kreuz mit den Worten«.

Lösung: *natürlich.* Wie kommt man von Heuröko zu natürlich? *Heureka!* ist der Ruf für einen genialen Einfall. Ebenso könnte man *natürlich!* rufen. Das allein wäre für ein um die Ecke gedachtes Rätsel aber zu wenig. Also mit *öko* verheiraten, denn auch das wird im Sinn von natürlich verwendet (natürliche Ernährung). Fertig ist das Brautpaar. Den versierten Lösern blieb es

Elend]

nun vorbehalten, die Ehegatten *heuröko* wieder in *heureka* und *öko* zu scheiden und die Lösung herauszufiltern: natürlich!

Ein Grenzfall sind bloße Zusammensetzungen wie *Malerei* (Maler-Ei), die aber wie ein Wort gelesen werden.
Frage: Für welche Lösungen stehen die Umschreibungen? Wenn Sie die beiden rechten Spalten abdecken, können Sie sich selbst an der Lösung der Brautpaare versuchen.

Umschreibung	*Mögliche Lösung*	*Erklärung*
Etepefete	Gala	etepetete & Fete
Karating	Dan	Karate & Rating
Malerei	Palette	Maler & Ei
Süffilis	Sucht	Syphilis & süffeln
Achillesverse	Ilias	Achillesferse & Verse
Chorsett	Noten	Chor & Korsett
Schmuckschnack	Tinnef	Schmuck & Schnickschnack
Samaretter	Arzt	Samariter & Retter
Anroide	Sire	Anrede & Roi
Literarturgattung	Epos	Literatur & Artur/Artus
Ohrgasmus	Arie	Ohr & Orgasmus

BUCHSTABEN, HÄUFIGSTE: ENRISTAL
Was ist die meistbenutzte Taste auf der Tastatur?

Mit 13 oder 14 begann ich, die häufigsten Buchstaben im Deutschen zu zählen. Die zehn häufigsten Buchstaben des Deutschen lauteten meiner Meinung nach ENIRSTADL (in dieser Reihenfolge). Manche Statistiken geben die Häufigkeit in Texten mit ENISRADTH an. Der Wortspielfex Hans Reimann bekam für die Häufigkeit der »eifrigsten« Buchstaben ENIRSTADU heraus.

Frage: Im Deutschen wie im Englischen ist *e* der mit Abstand häufigste Buchstabe. In deutschen Texten ist folglich die e-Taste die am häufigsten benutzte auf der Tastatur. Was ist die am häufigsten benutzte Taste in normalen englischen Texten?

Eine andere Methode der Erfassung ist die Zählung der Buchstaben, die im Wörterbuch stehen. Das gibt nicht die Häufigkeit ihrer Verwendung in Schrift oder Sprache wider, denn ein seltenes Wort wie *Yttererden* zählt dann genauso wie *Haus*. Es zeigt aber, wie die Buchstaben in unserem Wortschatz verteilt sind. Für den aktuellen Duden habe ich die untenstehende Verteilung ermittelt. Der häufigste Buchstabe *e* tritt quer durch den Wortschatz 175-mal häufiger auf als der seltenste Buchstabe *q* (hier = 1 gesetzt). Zum Vergleich sind die Punkte angegeben, die jeder Buchstabe im Spiel → Scrabble wert ist – es zeigen sich einige Unschärfen in der Punktevergabe.

Die häufigsten Buchstaben und ihre Scrabble-Punkte:

e	175	1
n	109	1
r	107	1
i	98	1
s	88,33	1
t	88,32	1
a	85	1
l	67	2

Öl (-gemälde) **]**

Die seltensten Buchstaben und ihre Scrabble-Punkte:

w	14	3
ä	9,7	6
ü	7,6	6
ö	3,6	8
y	3,1	10
ß	2,3	–
j	2,0	6
x	1,6	8
q	1,0	10

Erstaunlich ist die fast exakt gleiche Zahl von *s* und *t* im Wortschatz. Die Umlaute *ä, ü* und *ö* belegen drei aufeinanderfolgende Plätze. Die komplette Liste unter www.eichborn.de/cus

> **Lösung:** Die am häufigsten benutzte Taste in englischen Texten ist die *Leertaste*. Da die englischen Wörter im Durchschnitt kürzer sind als die deutschen, übertreffen die Leerstellen auch die Häufigkeit des Buchstaben e. Im Deutschen hingegen schlägt das e die Leertaste.

→ Wörter, häufigste

Meck-Pomm ist ein Kürzel für Mecklenburg-Vorpommern. Welches andere solche Kürzel ist sogar für ein ganzes Land gebräuchlich?
Dom Rep für Dominikanische Republik. *Benelux* kürzt sogar gleich drei Länder ab.

[Das letzte Abendmahl auf der Titanic? (12)

BUCHSTABEN, WENIGSTE VERSCHIEDENE:
Hipphipphurra
Welche Wörter haben die wenigsten verschiedenen Buchstaben?

Hier versammelt sich eine Riege höchst ungewöhnlicher Wörter um das schlichte Wörtchen *nennen*. Denn *nennen* bringt es bei insgesamt sechs auf nur zwei verschiedene Buchstaben – *n* und *e*. Das Verhältnis von Gesamtzahl der Buchstaben zur Zahl der verschiedenen Buchstaben beträgt also 6:2 = 3,0.
Welche Begriffe haben in diesem Sinne ein möglichst gutes Verhältnis? Auch nur eine Verhältniszahl von 2,0 oder höher zu finden ist auf Anhieb nicht leicht. Also etwa acht Buchstaben insgesamt, aber nur vier verschiedene Buchstaben wie in *Lukullus*. Versuchen Sie es ruhig einmal selbst. In die Sphären von *nennen* vorzustoßen ist extrem schwierig; darüber hinaus fast unmöglich. Der Ausdruck *ballaballa* findet sich heute nicht mehr im Wörterbuch, er käme auf 3,3. (In einer älteren Auflage des Duden Universalwörterbuchs war ballaballa noch verzeichnet). In dem Kinderbuch »Die Häschenschule« springen die Häschen *hopphopphopp* – wunderbar, das wären 12:3 = 4,0. Weltklasse! Zu dumm, im Wörterbuch steht nur *hopphopp*, das reicht nicht.
Welche Wörter kommen also auf eine Verhältniszahl von 2,0 oder besser?

      2,0   erneuern
      2,0   remmidemmi
      2,0   Lukullus
      2,0   Horror
      2,0   pitschpatschnass
      2,0   Rhododendron

Eisbergsalat]

2,1	Propagandaapparat
2,2	Rokokokommode
2,2	hipphipphura
2,4	papperlapapp
2,5	trallalala
3,3	igittigitt

Frage: Können Sie noch bessere Beispiele finden?
Es muss nicht so gut sein wie »*Thalatta, Thalatta*«. Das ist tatsächlich ein Duden-Stichwort. Es bedeutet »das Meer, das Meer!« und war ein Freudenruf der Griechen nach der Schlacht von Kunaxa, als sie das Schwarze Meer erblickten. Noch besser ist der Oldie »*Baby Baby Balla Balla*« mit 4,5. Einige bekannte Ausdrücke bieten jedenfalls – so wie *nennen* – eine bessere Verhältniszahl als 2,5. Die Lösung finden Sie im Anhang auf Seite 243.

BUCHSTABEN: lmnt & btiguc
Aus welchen Aussprachesilben wird ein neues Wort?

Die einzelnen Buchstaben a, b, c ... sprechen wir aus wie *a – be – ze – de – e – ef – ge – ha – i – jot* usw. Mehrsilbig ist nur *ypsilon*. Aus den Aussprachesilben *ha* für h, *u* für u und *be* für b lässt sich ha-u-be = Haube zusammenfügen. Aus lb wird *Elbe*, aus nt *Ente* und aus qp wird *coupé*. Zwar ließe sich aus sn *Essen* machen und aus zl *Zettel*, doch sind dann die Aussprachesilben wegen der Doppelbuchstaben nicht mehr sauber getroffen. Wir lassen daher solche Wörter hier weg.
Frage: Was ist das längste solche Wort, wenn wir jede Silbe nur einmal zulassen?

Fünf Buchstaben:
Beere – beide – beige – Beize – Beuge – Beute – Elite – Eloge – Erika – Geien – Geier – Haube – hauen – Hauer – Kauen – Kupee – teuer – Weide – Weite – Zeuge

Nun haben wir genug trainiert, um das Spiel umzudrehen: Wenn Sie die Buchstaben einzeln aussprechen, erhalten Sie das ganze Wort:

Sechs Buchstaben (wenn ausgeschrieben):
slei – ghb – gwb – trn

Sieben Buchstaben: bhun ghun

Acht Buchstaben: lmnt

Zehn Buchstaben: btiguc

Lösung:
sechs Buchstaben haben Es-el-ei, Ge-ha-be, Ge-we-be, te-er-en
sieben Buchstaben haben be-ha-u-en, ge-ha-u-en
acht Buchstaben hat El-em-en-te
zehn Buchstaben hat Be-te-i-ge-u-ze (ein Stern)
→ Rebus

BUCHSTABEN-MEHRLINGE:
Von Babyboom bis Zusatzzahl
Welche Wörter haben die meisten ...

aaaaaa: Propagandaapparat
bbb: z.B. bibbern

Radar]

cccc: z.B. Schnickschnack
dddd: z.B. Kuddelmuddel
eeeeeee: z.B. bemerkenswerterweise
ffff: z.B. Kaffeelöffel
ggggg: vergnügungshungrig
hhhhh: z.B. höchstwahrscheinlich
iiiiii: z.B. Zivilisationsmüdigkeit
jj: z.B. Jumbojet
kkkk: z.B. Kuckuckskind
lllll: z.B. Parallelfall
mmmmm: Mammutprogramm
nnnnnn: z.B. Namensnennung
ooooo: z.B. Rokokokommode
pppppp: papperlapapp
qq: z.B. Quidproquo
rrrrrr: Kraftfahrzeugreparaturwerkstatt
sssssss: Schulgemeinschaftsausschuss
tttttt: z.B. Bestattungsinstitut
uuuuu: z.B. Untersuchungsausschuss
vvv: z.B. ovovivipar
www: Wegwerfwindel
xx: z.B. Xerxes
yy: z.B. Playboy
zzz: z.B. Zusatzzahl

Das sind also die Rekordhalter aus dem Wörterbuch.
Frage: Finden Sie weitere Wörter mit ebenso vielen a's, b's usw.?
Einige zusätzliche Beispiele finden Sie im Anhang auf Seite 244.
→ Vokale; Buchstabenpaare

[**Den Schein unter allen Umständen wahren (4)**

BUCHSTABENPAARE: Exxon exxklusive
Welche Buchstabenpaare gibt es nicht?

Doppelbuchstaben treten häufig auf: S<u>ee</u>, Ma<u>nn</u>, Ka<u>mm</u>, Pi<u>zz</u>a. Gibt es auch Ausdrücke mit *hh, qq, xx* oder *yy*? Angeblich wählte der Ölkonzern *Exxon*, den wir als *Esso* kennen, seinen amerikanischen Namen, weil es weder im Englischen noch in einer anderen Sprache ein Wort mit *xx* gebe, der Wiedererkennungseffekt von *Exxon* also hoch sei.

Frage: Welche Buchstabenpaare existieren im Deutschen nicht? Für diese Frage lassen wir alle Einträge im Wörterbuch zu, also auch Kürzel usw.

Sie können damit beginnen, erst einmal Paare für möglichst viele Buchstaben des Alphabets zu suchen. Also: Ein Wort mit *aa*, eines mit *bb*, mit *cc* usw.

> **Lösung:** Nur die Paare *jj* und *yy* gibt es im Deutschen nicht.
> *cc* tritt z.B. in Pi<u>cc</u>olo auf, *hh* in Ho<u>chh</u>aus, *ii* in eine<u>ii</u>g, *vv* in Adopti<u>vv</u>ater. *ww* kommt in Abkürzungen vor, aber auch in Stru<u>ww</u>elpeter und Stru<u>ww</u>elkopf. Das Paar *qq* taucht in dem Dudeneintrag se<u>qq</u>. auf (kurz für sequentes, »die folgenden« – im Plural wird hier der letzte Buchstabe der Abkürzung verdoppelt).
> Bleibt *xx* wie in Exxon: <u>XX</u>L und <u>XX</u>S

→ Doppelte Zwillinge

CHRONOGRAMM: Der Tod der Lilie
Welches Jahr verbirgt sich hinter LILICIDIVM?

Ein Chronogramm ist ein kombiniertes Zahlen/Buchstabenrätsel. In einem Spruch, einer Grabinschrift, einem Merkvers

stehen einzelne Buchstaben auch für römische Zahlzeichen. Zusammen gelesen ergibt sich aus den Zahlzeichen eine Jahreszahl, die mit dem Spruch in Zusammenhang steht.
Ein einfaches Beispiel ist das Chronogramm über Königin Elisabeth I. von England, die Siegerin über die Spanische Armada:

My Day Is Closed In Immortality

Daraus ergibt sich das Todesjahr der Königin 1603
(M D I C I I = MDCIII).

Kurz und bündig ist das folgende Chronogramm. Es bietet dabei noch einen historischen Abriss aus jenem Jahr:

LILICIDIVM

Frage: Welche Jahreszahl ist hier dargestellt, und was ist mit dem Wort Lilicidium = »Töten der Lilie« gemeint?

> **Lösung:** Dargestellt ist die Jahreszahl MDCLLVIIII, also 1709. Was geschah 1709 mit der Lilie? Die Engländer, Preußen und Österreicher besiegten in der Schlacht von Malplaquet in Nordfrankreich die französischen Truppen Ludwigs XIV. Die Lilie steht für das Wappen des Herrscherhauses Bourbon und das Lilienbanner Frankreichs.

→ Rebus

DATIV: Aschenputtels Deutschunterricht
Wie beginnen die Brüder Grimm ihr Märchen vom Aschenputtel?

Die Brüder Jacob und Wilhelm Grimm gelten mit ihrem *Deutschen Wörterbuch* als Gralshüter der deutschen Sprache. **Frage:** Wie begannen die Gralshüter also ihr Märchen vom Aschenputtel in den klassischen *Hausmärchen*?

- A Eines reichen Mannes Gemahlin wurde krank ...
- B Die Frau eines reichen Mannes wurde krank ...
- C Es war einmal ein reicher Mann, dessen Frau wurde krank ...
- D Einem reichen Manne, dem wurde seine Frau krank ...

Lösung: Das hätte »Deutschlands bekannteste Dativ-Schänderin« Verona Feldbusch/Pooth geärgert: Die Grimms beginnen das Märchen mit »Einem reichen Manne, dem wurde seine Frau krank ...«

Wie lautet der weltweit berühmteste deutsche Satz? Und welches ist der meistgehörte deutsche Satz?

John F. Kennedys Satz »*Ich bin ein Berliner*«, gesprochen 1963 in Berlin, ist laut *Die Welt* vom 28. Juni 2003 der international bekannteste deutsche Satz. (Das weltweit bekannteste deutsche Wort ist angeblich *Wurst*.)
Und der meistgehörte deutsche Satz ist wohl nicht »Sitz gerade!« oder »Sprich nicht mit vollem Mund!«, sondern »*Zu Risiken und Nebenwirkungen lesen Sie die Packungsbeilage und fragen Sie Ihren Arzt oder Apotheker.*«

---

der (der Tor)]

DEUTSCHER KONJUNKTIV:
Halb gewönne, wer gut würbe
Was sind die seltsamsten Konjunktiv-Formen?

Der Irrealis oder Konjunktiv II ist am Aussterben. Im Alltagsdeutsch ist er weitgehend durch *würde* ersetzt: ich würde gehen statt ich *ginge*, ich würde backen statt ich *büke*, ich würde lesen statt ich *läse*. Die Formen *wäre, hätte, könnte, müsste, dürfte* sträuben sich noch gegen den Untergang, *täte* verliert gerade gegen *würde tun*. Dabei gibt uns gerade dieser Konjunktiv so schöne Rätsel auf. Und er bietet besonders nette Formen wie etwa:
früge (fragen) – *klömme* (klimmen) – *mölke* (melken) – *schünde* (schinden) – *spiese* (speisen) – *tröffe* (triefen) – *wöge* (wiegen)

Haben Sie die kursiv gesetzten Wörter laut ausgesprochen, ja? Es lohnt sich. Am besten artikulieren Sie übertrieben wie ein Theaterschauspieler. Ein Fest der ö's und ü's, wunderbar! Hier noch ein paar Verben, die Sie bitte in den Konjunktiv II setzen (1. Person – ich büke, ich mölke usw. …). Mal sehen, ob Sie alles richtig machen:

bergen – blasen – fechten – frieren – gießen – helfen – pflegen (der Ruhe pflegen) – saufen – scheren – werben

Die Antwort finden Sie unten in der Lösung.

Frage: Es gibt zwei Verben, die im Imperfekt (ich las) und im Konjunktiv II (ich läse) zwar gleich geschrieben, aber verschieden ausgesprochen werden. Welche zwei Verben sind das?

[**Der Arme ist ein Schirmherr! (4)**

Lösung: Konjunktiv-II-Test: bergen – bärge; blasen – bliese; fechten – föchte; frieren – fröre; gießen – gösse; helfen – hülfe/hälfe; pflegen – pflöge; saufen – söffe; scheren – schöre; werben – würbe

Lösung der Frage: *schreien* – ich *schrie* wird im Konjunktiv II zu ich *schrie* mit hörbarem *e*. Ebenso bei *speien*, ich *spie*, ich *spie*.

DIPHTHONG: Von Tolstoi bis Stoiber
Welcher Doppellaut kommt nur in drei Wörtern vor?

Mit dem schönen Wort Diphthong bezeichnen die Wissenschaftler die Doppelvokale wie *ei* oder *au*.
In gelehrten Abhandlungen finden sich Sätze wie: Es gibt drei deutsche Diphthonge mit fünf Schreibweisen: *ai* und *ei* (*Laib; Kleid*), *au* (*lau*), *eu* und *äu* (*heute; läuten*). Aha, und was ist mit *oi*? Liebe Gelehrte, noch nie was von *Alois, Loipe, Stoiber, toi, toi, toi* oder *Tolstoi* gehört? Dazu rechne ich auch die T*oi*lette, die der Duden wie T*oa*lette ausgesprochen haben will, drum sag ich lieber Klo.
In meiner bayerischen Heimat gibt es noch viel mehr Diphthonge, die Auswärtigen im Hofbräuhaus erst nach der dritten Maß aus der Gurgel rutschen, wenn sie, statt *o-ans, zwo-a* akkurat zu trennen, endlich die Vokale ineinander überlaufen lassen: *Oans, zwoa, gsuffa*. Mit Fremdwörtern importieren wir weitere Diphthonge wie in *Lady* oder *Show*. Laute wie *aue* in *Lauer* gelten zuweilen als Triphthong – Dreilaut.
Frage: Es gibt neben den genannten *ai, ei, au, eu, äu, eu* und *oi* noch einen weiteren deutschen Diphthong, der in einschlägigen Fachwerken oft nicht erwähnt wird. Er kommt im Du-

den gerade dreimal vor – alle drei Wörter sind griffiges Umgangsdeutsch. Wie lauten diese drei Wörter?

Lösung: *ui, hui, pfui*. Wörter wie *Ruine* gelten nicht, da hier u und i einzeln ausgesprochen werden.
→ Umlaute

DOKTORSPIELCHEN: Dr. Acula, Blutspendedienst
Welche Tätigkeiten üben die Doktoren aus?

In der Nähe meines Wohnortes gab es die Urologische Klinik von Dr. Castringius. Kein Witz. Wie er zu diesem Namen und vor allem zu Patienten kam, ist mir bis heute unerklärlich. Dr. Castringius hat mich zu einem kleinen Spielchen inspiriert.
Frage: Welche Heilberufe verstecken sich hinter den Doktoren? Ein paar Beispiele:

Dr. Ache	Haus-Ärztin
Dr. Acula	Blutspendedienst
Dr. Ama	Psychotherapeut
Dr. Eist	Keine Kassenpatienten!
Dr. Ollig	Schmusetierarzt
Dr. Üse	Sekret-Service

Die Berufsbezeichnungen für die folgenden Doktoren können Sie hinzuerfinden. Meine Vorschläge dafür stehen auf Seite 245. Finden Sie bessere als ich?

Dr. Achme – Dr. Ivein (Drive-In) – Dr. Aht – Dr. Ahtzieher – Dr. Akon – Dr. Ang – Dr. Echsler – Dr. Eh – Dr. Eisprung –

Dr. Esche – Dr. Ibbling – Dr. Ink – Dr. Ohne –
Dr. Oge – Dr. Omedar – Dr. Osselbart –
Dr.Ückeberger – Dr. Uide – Dr. Um

DOPPELMOPPEL: Killekille
Welche Wörter wiederholen sich?

Doppelmoppel sind Ausdrücke, die sich selbst wiederholen wie *blabla, töfftöff, pinkepinke*. Der Grammatik-Duden spricht von »Reduplikation« (Verdopplung) und meint, es gebe im Deutschen nur etwa hundert solcher Wortbildungen. Ich verzeihe dem Duden, dass er die *Rutschi-Flutschi-Zahnziehzange* nicht kennt, die mein Schulfreund Udo ersann (ich finde den Ausdruck bis heute genial). Natürlich teilt der Duden die Doppelmoppel gleich noch sauber ein:

* Reimdopplung wie Larifari – Heckmeck – Techtelmechtel – Remmidemmi. Dazu fällt mir noch ein: ätschbätsch – Black Jack – Braindrain – Flitzerblitzer (Polizei-Radar) – halligalli – Hokuspokus – Hoppelpoppel – Hottentotten – Klimbim – Kuddelmuddel – Rambazamba – ratzfatz – Schickimicki – Schorlemorle – Texmex – Tuttifrutti

Zahlreiche Sprüchlein wie *mit Ach und Krach* sind ebenfalls nach diesem Prinzip entstanden.

* Ablautdopplung: Hickhack – Singsang – Tingeltangel – tipptopp – Ticktack – Vitzliputzli (→ *Kindersprache*)
* »partielle Iteration«: klimpimpern – rumpumpeln
* einfache Dopplung: Agar Agar – April, April – baba – bäbä – Baden-Baden – Barbar – Beriberi – Blabla –

Ettaler (Klosterlikör von Ettal bei Oberammergau)]

Bling-Bling – Bonbon – Bumbum – bye-bye – Cancan – Chichi – Chow-Chow – Couscous – Dada – dallidalli – Dividivi – Dumdum – effeff – Berber – fifty-fifty – gaga – halbe-halbe – happahappa – igittigitt – Kerker – Kiki – killekille – Mama – Mau-Mau – Papa – Pinkepinke – Pipi – plemplem – Popo – Purpur – Rhabarber, Rhabarber – rot-rot – Sing Sing – soso – Tamtam – teils, teils – Töfftöff – Toto – tschentschen – Tutu – Wehweh – winke, winke – Ylang-Ylang – zackzack

Die ersten Laute, die wir als Babys sprechen lernen, sind nach der einfachen Dopplung gebildet: *Mama, Papa*. Danach geht es weiter mit *Bonbon* bis *happa happa, alle alle, Popo, Pipi, killekille, Wauwau*.

Frage 1: Was ist das längste solche Doppelmoppel, bei dem die zweite Hälfte des Wortes exakt der ersten entspricht? *Regierungregierung* ist zwar – *April, April!* – kein existierendes Doppelmoppel, aber das hier gesuchte Exemplar ist genauso lang und klingt mindestens so ernst – und es steht im Wörterbuch. Na?

Frage 2: Es gibt nicht nur Doppelmoppel, sondern auch Tripelmoppel, also Dreifachexemplare. Natürlich ließe sich *igitt igitt igitt* sagen, aber ich meine feststehende Ausdrücke. Drei Tripelmoppel kenne ich. Und sie stehen auch im Wörterbuch. Also?

Lösung Frage 1: Das längste deutsche Doppelmoppel ist die *Kompetenzkompetenz*, sprich das Recht der Bundesregierung, Kompetenzen zu verteilen.

Lösung Frage 2: Tripelmoppel sind *Chachacha, hahaha* und *toi, toi, toi*.

[**Der ist auch mit gar nichts zufrieden!** (5)

DOPPELTE ZWILLINGE: Paschaallüren
Einige doppelte Buchstabenpaare

Frage: Welche doppelten Buchstabenpaare gibt es direkt hintereinander? Beispiel: Vanilleeis hat zwei *ll* und zwei *ee* direkt hintereinander. Welche anderen doppelten Zwillinge können Sie entdecken?

Hier einige Zwillinge:
aall: Paschaallüren
aapp: Propagandaapparat
aarr: Haarriss
eeaa: Seeaal
eell: ideell, reell
eerr: Meerrettich
eess: Armeleuteessen
ffaa: Jaffaapfelsine
ffee: Kaffee
llee: Allee
llii: Alliierte
nnee: Wanne-Eickel
ppee: Grippeepidemie
rree: Karree
ttee: Frottee
ttoo: Tattoo

Kaffeeernte und Kaffeeextrakt bieten die Kombination *ffeee*.
Einen Dreifachzwilling mit *ookkee* gibt es im Englischen: Bookkeeper (Buchhalter).
→ Drillinge

Asket]

DOPPLEREFFEKT: Vom Genus zum Genuss
Welche Wörter bekommen durch Buchstabenverdopplung einen ganz neuen Sinn?

Einige Wörter nehmen durch Verdopplung eines Buchstabens einen völlig neuen Sinn an.
Beispiel: Aus *Rate* wird durch Verdopplung des t *Ratte*, aus *Doge Dogge,* aus *Genus Genuss*, aus *Gehilfe Gehhilfe*. *Wagon* und *Waggon* gilt in diesem Fall nicht, da es dasselbe bedeutet; ebenso gilt nicht *Himmel(s)schlüssel*.
Frage: Welche Wörter können Sie außer den genannten finden?
Beispiele für Buchstabenverdopplungen mit ganz neuem Sinn:

> abringen/abbringen – aufliegen/auffliegen – austanzen/ausstanzen – duselig/dusselig – Eischale/Eisschale – Grabstele/Grabstelle – hausieren/haussieren – Kapitel/Kapitell – kneipen/kneippen – Komplet/komplett – Nachtisch/Nachttisch – Piroge/Pirogge – Rederei/Reederei – Röschen/Rösschen – Schäfchen/Schäffchen – Schaffel/Schaffell – schwelen/schwellen – selchen/Seelchen – strafen/straffen – vereisen/verreisen – verhüten/verhütten – verschroten/verschrotten – Waliser/Walliser

DREHWÖRTER: Von Baumstämmen und Stammbäumen
Welches deutsche Wort ergibt gedreht ein englisches Wort mit der gleichen Bedeutung?

Aus *Baumstamm* lässt sich *Stammbaum* machen – die beiden Wörter *Baum* und *Stamm* werden einfach miteinander vertauscht. Bedingung für solche Drehwörter: Es darf kein

[Der Italiener – spricht mal wieder Bände (6)

Buchstabe weggelassen oder hinzugefügt werden: *Bierflasche* lässt sich also nicht zu *Flaschenbier* drehen, weil in *Flaschenbier* ein *n* auftaucht und in *Bierflasche* nicht. Und so schön es auch wäre, aus *Taktik Ticktack* zu machen – wir müssen der Versuchung widerstehen und der reinen Lehre treu bleiben!

Frage: Finden Sie ein »sauberes« Drehwort, das im Duden steht? Dank der Riesenzahl zusammengesetzter Wörter gibt es im Deutschen eine ganze Menge solche Drehwörter. Aber auch nur eins zu finden, das dann auch noch im Wörterbuch steht, ist erst mal nicht leicht. Hier eine Liste echter Drehwörter. Kürzere Drehwörter sind nur teilweise berücksichtigt, die längeren sind fast komplett vertreten. Die längsten mir bekannten Drehwörter sind *Austauschschüler/Schüleraustausch* und *Deutschschweizer/schweizerdeutsch*.

arteigen – Ballspiel – Banknoten – Bartstoppel – Bettfeder – Bierfass – Bildschirm – Blattsalat – Busreise – Druckluft – Eheschein – Eiland – Feldschlacht – Fingerring – gefühlvoll – Grippevirus – Handkuss – Kampfpreis – Kinoprogramm – Kuhmilch – Kurswechsel – Landvogt – Lustmord – Paketpost – Polizeischutz – querüber – Problemschach – Rauschgold – Reisezeit – Rohrzucker – Rotwein – Schrankwand – Vogelzug – Würfelzucker

Zahlreiche weitere Beispiele finden sich unter www.eichborn.de/cus

Ein paar spezielle Drehwörter, die nicht aus zwei Wörtern zusammengesetzt sind – wir beginnen mit einem Grenzfall:
Innenminister/Ministerinnen – derlei/leider – Ente/Teen – k.o./o.k. – Augen/genau – Textur/Urtext

Romane (ein Romane; Plural von der Roman) **]**

Drei Promis und ein Zeltplatz:
  Beckstein/Steinbeck
  Feldlager/Lagerfeld

Normal ändern Drehwörter durch die Drehung ihre Bedeutung. Ein paar rare Exemplare dieser Gattung bedeuten nach der Drehung jedoch das Gleiche wie zuvor: *Gussregen/Regenguss, Abendgala/Galaabend, Fortepiano/Pianoforte, herum/umher (je nach Bedeutung), süßsauer/sauersüß.* Andere Einfälle?

Zum Abschluss die **Königsfrage:**
Finden Sie ein deutsches Wort, das aus zwei einfachen deutschen Wörtern zusammengesetzt ist (wie *Baum-Stamm*). Wenn Sie es drehen, kommt ein englisches Wort heraus, das aus zwei ganz normalen englischen Wörtern zusammengesetzt ist. Der Clou: Das englische und das deutsche Wort haben auch noch die gleiche Bedeutung. Wie lautet dieses Wort?

Lösung: Das deutsche Wort *Stillstand* dreht sich im Englischen zu *standstill*. Beide Wörter bedeuten das Gleiche.

DRILLINGE: Teeei & Pappplakat
Was ist das einzige Wort mit 2x3 Buchstaben hintereinander?

Hier einige Wörter mit je drei gleichen Buchstaben hintereinander. Bei den meisten Buchstaben gibt es weitere Exemplare. Welche? Lösung auf Seite 246.

[**Das eintönigste aller Leiden (8)**

Je drei Buchstaben hintereinander haben:

b: Schrubbbesen (nur ein Exemplar bekannt)
e: Teeei
f: Sauerstoffflasche
i: Hawaiiinsel(n) (nur ein Exemplar bekannt)
l: Rollladen
m: Stammmutter
n: Brennnessel
o: Zooorchester (nur ein Exemplar bekannt)
p: Pappplakat
r: Geschirrreiniger
s: Fitnessstudio
t: Schritttempo

Andere Buchstaben kommen nicht dreimal hintereinander vor. Wörter mit vier gleichen Buchstaben hintereinander sind mir nicht bekannt, auch Duden oder Wahrig kennen keines. (Von walisischen Ortsnamen wie dem auf S. 135 sehe ich einmal ab.) Abkürzungen wie www habe ich nicht berücksichtigt.
Frage: Was ist das einzige Wort im Duden, das gleich zweimal drei gleiche Buchstaben hintereinander hat? (Ein erfundenes Beispiel: Fitness*s*tudiopa*ppp*lakat.)

Lösung: Fluss*s*chi*fff*ahrt

EINWOHNER 1: Ibiza und Ninive
Wie heißen die Einwohner von Guantanamo?

Eine beliebte Quizfrage Marke Günther Jauch: Wie heißen die Einwohner von Halle, Münster, Jena und Hannover?

Tinnitus]

Gleich weiter zur 1000-Euro-Frage! Wie heißen die Einwohner von Saarbrücken, Zweibrücken und von Saarlouis, na? Antwort: Saarbrücker, Zweibrück(en)er und Saarlouiser (ausgesprochen wie Saarlouier). Hallo, sind Sie noch dabei? Gut, dann ziehen wir die Daumenschrauben etwas an.
4000 Euro: Wie heißen die Einwohner von Salzgitter? Salzgitteraner.
16 000 Euro: Wie heißen die Einwohner von Ibiza und Ninive? Beide stehen übrigens im Duden: Ein Ibizenker, ein Ninivit und, gut zu wissen, eine Ninivitin. Weil wir gerade bei Ninive sind: Wie heißen denn die Einwohner der alten Stadt Ur in Mesopotamien? Die Urner? Den Namen haben schon die Kantonisten von Uri belegt, die doch eigentlich Uriner heißen sollten. Die das aber nicht wollten.
64 000 Euro: Die Einwohner von Bordeaux? Bordeleser. Von San Francisco oder Los Angeles? (Da muss ich einen Joker bemühen).
Die 1-Million-Euro-**Frage:** Wie heißt eine Einwohnerin des kubanischen Städtchens Guantanamo (nahe dem berüchtigten Gefangenenlager)? Woher Sie das wissen sollen? Keine Bange, Sie kennen den Namen. Also?

Sonstige seltsame Stadtbewohner:
Ein Einwohner Kassels möchte nicht für ein Kasseler gehalten werden. Bei den Münch(e)nern und Dresd(e)nern ist das Problem weniger drängend. Innerhalb der Schweiz heißen die Zürcher genauso wie das Geschnetzelte: Zürcher (und Neue Zürcher Zeitung). Aus Jena kommen die Jenaer und die Jenenser.
In Frankreich: Berruyer (aus Bourges), Aquisextain (Aix-en-Provence), Messin (Metz). Kairoer und Kairener streiten sich um den korrekten Namen. Für die Einwohner Istanbuls

kennt der Duden vier Bezeichnungen quer durch die Jahrtausende: Byzantiner, Konstantinopler, Konstantinopeler und Konstantinopolitaner. Der heutige Name der Einwohner Istanbuls ist nicht bekannt. Unklar ist die Lage bei den Tokioern oder Tokiotern. Überhaupt keinen auf Deutsch fassbaren Namen haben die Einwohner von San Francisco, Los Angeles, New Orleans (Orleans vorn oder hinten betont?), Lima, Buenos Aires, Rio de Janeiro, Havanna und Helsinki. Da passt auch der Duden, der uns doch die Niniviten so ans Herz legt.

> **Lösung:** Die Einwohnerin von Guantanamo heißt *la Guantanamera*. Das berühmte Lied besingt eine Frau aus der kubanischen Stadt. So schwer ist da eigentlich gar nicht draufzukommen. Nur haben wir den Namen Guantanamo bis zum Überdruss gehört und stellen vielleicht deshalb kaum mehr die Verbindung her.

EINWOHNER 2: Länder
Welches Land hat keine Einwohner?

Das Auswärtige Amt in Berlin veröffentlicht eine Liste mit den amtlichen deutschen Namen der Einwohner aller Länder.
Keine Bezeichnungen sind demnach bekannt von den Einwohnern des Staates St. Kitts und Nevis, der Cook-Inseln, der Vereinigten Arabischen Emirate und – Russlands. Ein Lapsus? Oder wollten sibirische Tschuktschen und aufmüpfige Tschetschenen nicht mit unters russische Bärenfell? Wir müssen nicht diplomatisch sein, für uns heißen die Russen einfach Russen. Delikat ist der Fall Zypern: Hier unterschei-

det der Duden fein zwischen *Zyprern* als Einwohner von (ganz) Zypern und *Zyprioten* als Zyperngriechen. Der große Duden kennt daneben noch die Zyprier.
Frage: Welches europäische Land hat keinen amtlichen oder sonstwie bekannten deutschen Namen für seine Einwohner?

> **Lösung:** Der Vatikan, amtlich: Staat der Vatikanstadt, oder für Diplomaten: Der Heilige Stuhl. Für beide Bezeichnungen gibt es keine zugehörigen Einwohner.

E-LOS: Fußballnationalmannschaft & Kriminalkommissarin
Was ist das längste Wort ohne *e*?

Das *e* ist der mit Abstand häufigste Buchstabe. Welche langen Wörter ohne *e* finden Sie? So lang wie *Fußballnationalmannschaft* (25 Buchstaben) wird es kaum sein, denn die ist das zweitlängste Wort ohne *e*, das der Duden hergibt. Auch deutlich kürzere Wörter zu finden ist schon nicht leicht. Die Kollegen vom Handball stehen nicht in Mannschaftsstärke im Duden, dafür die *Davispokalmannschaft*.
Frage: Was ist das längste Wort ohne *e*? Es ist ein bekanntes Wort, aber keine Mannschaft. Hier eine Liste langer *e*-loser Wörter:

Aufsichtsratssitzung – Bruttosozialprodukt – Davispokalmannschaft – Fortpflanzungsorgan – Günstlingswirtschaft – Hauptschulabschluss – Individualtourismus – Justizvollzugsanstalt – Kommunikationsstörung – Kriminalkommissarin – marktwirtschaftlich – Organtransplantation – privatwirtschaftlich – Rotationspara-

[Der wildeste der Läufe ist gekehrt der lahmste aller Zustände (4)

boloid – Rückbildungsgymnastik – Sankt-Florians-Prinzip – Solidaritätszuschlag – Strafvollzugsanstalt – Transformationsgrammatik – Wohnungszwangswirtschaft – zustimmungspflichtig

Lösung: Das längste Wort ohne *e* ist *Wirtschaftsforschungsinstitut* (29 Buchstaben). Der *Donaudampfschifffahrtskapitän* wäre ebenso lang, steht aber nicht im Wörterbuch.
→ Leipogramm; Meiste Konsonanten hintereinander

EN-DUNG: Zwei Verben tanzen aus der Reihe
Welche beiden Verben haben eine exklusive Endung?

Fast alle Verben enden in der Grundform (Infinitiv) auf die Buchstaben -en:
anfangen, machen, fahren, gehen, hören, lesen, enden.
Rund tausend Verben enden auf -ern, von ack*ern* über läst*ern* bis zwitsch*ern*.
Etwas weniger enden auf -eln: ad*eln*, wick*eln*, zwirb*eln*.
Bleiben ganze zwei Verben, die auf keine dieser drei Endungen hinauslaufen. Beides sind Verben, die wir jeden Tag verwenden.
Frage: Wie lauten diese beiden Verben?

Lösung: sein, tun
→ Verb

Amok]

ENGLISCH: 16 verschiedene u's
Wie schreibt man »u« auf Englisch?

Mart, mein Besuch aus Amerika, ging einkaufen. Mit einer vollen Tasche kam Mart schließlich zur Wohnungstür herein. Wo hast du denn eingekauft, fragte ich ihn, auf Englisch natürlich, denn er konnte nur fünf Dinge auf Deutsch sagen: *Danke, Gruhs Gott, kranky* für schlecht drauf, *Gesundheit!* und *to putz around*. Beim »Ru« war er einkaufen. Wie bitte, wollte ich wissen, wo? Beim »Ru«? Den kenn ich nicht, wo soll denn das sein? Na, meinte er, gleich da vorne, den musst du doch kennen. Er zeigte aus dem Fenster, und nun verstand ich: Beim *Rewe* war er einkaufen.

Wie man aus den Buchstaben *ewe* ein »u« machen kann und welche anderen Buchstaben oder Buchstaben-Kombinationen im Englischen für ein simples »u« stehen, hier erfahren Sie es:

Buchstabe/n	Beispielwort	Aussprache etwa
1 eu	maneuver	mänuhver
2 ew	stew	stu
3 hou	ghoul	guhl
4 o	to	tu
5 oe	shoe	schu
6 oo	pool	puhl
7 orce	Worcester	Wuhster
8 ou	soup	suhp
9 ough	through	thru
10 oul	should	schud
11 u	put	putt
12 ue	blues	bluhs
13 ugh	ugh	uh

[Die Bitte, die samt Kopf abgeschlagen (5)

14 uh	<u>uh</u>lan	uhlen
15 ui	fr<u>ui</u>t	fruht
16 wo	t<u>wo</u>	tu
(17 ewe	R<u>ewe</u>	Ru)

Für die Buchstabenfolge »*ough*« werden zehn verschiedene Aussprachen in normalen Wörtern angegeben und 18 weitere in veralteten Ausdrücken oder in Dialekten. Zehn normale Wörter mit *ough* und jeweils verschiedener Aussprache sind: though, thorough, hiccough, nought, bough, trough, though, ought, cough, through.

Im Französischen gibt es 16 verschiedene Schreibweisen für den Laut o:

    o   aut<u>o</u>
    oo   z<u>oo</u>
    oc   accr<u>oc</u>
    od   Pern<u>od</u>
    op   tr<u>op</u>
    os   gr<u>os</u>
    ot   Peuge<u>ot</u>
    ôt   bient<u>ôt</u>
    au   <u>au</u>to
    aud   ch<u>aud</u>
    auld   Rochefouc<u>auld</u>
    ault   Ren<u>ault</u>
    aut   s<u>aut</u>
    aux   f<u>aux</u>
    eaux   Bord<u>eaux</u>

→ Schreibweise

Gnade]

> Wer hat im allgemeinen Sprachgebrauch an Vornehmheit verloren?
> *(van) Beethoven – (von) Bismarck – (von) Hindenburg – (von) Goethe*

ESSEN 1: Knörzel & Renken
Für welche Lebensmittel gibt es keinen hochdeutschen Ausdruck?

Für einige Lebensmittel gibt es keine hochdeutsche Bezeichnung. Sie haben in verschiedenen Gegenden unseres Sprachraums verschiedene Namen, aber keiner hat sich insgesamt durchgesetzt. Krapfen, Berliner, Pfannkuchen, Kreppel – ein hochdeutsches Wort gibt es dafür nicht. Dem Metzger/Fleischer/Schlachter/Fleischhauer geht es da nicht besser.
Hier die Ausdrücke für das gleiche Ding in verschiedenen Gegenden des deutschen Sprachraums. Worum handelt es sich?

Bootsch – Knätzle – Knust – Knörzel – Knaus – Knubbe – Knaggen – Kruste – Krüstchen – Kappe – Kapel – Knäppchen – Knirzle – Koste – Ränftchen – Renken – Runks – Scherz – Scherzl

Frage: Wie lautet das hochdeutsche Wort dafür?

Lösung: Ein wirklich hochdeutsches Wort für das Anfangs- oder Endstück eines Brotlaibes gibt es nicht. Am ehesten noch *Kanten*, das der Duden aber als hauptsächlich norddeutsch einstuft. Die treffendste Bezeichnung finde ich die russische: Schaukelbrot.

[Miss Universum (5)

ESSEN 2: Menschen zum Genießen
Welche Gerichte sind nach einem Menschen benannt?

Im großen Gourmet-Rätsel der Wochenzeitung *Die Zeit* fragte ich nach vier schmackhaften Adeligen. *Earl Grey* (Graf Grey) mit seinem Tee wäre so ein Adeliger. Das abgebildete Quartett ist aber nur zum Essen da.
Frage: Wie heißen diese Herrschaften?
Der Herr links ist nicht so schwer, der Herr ganz rechts ergibt sich dann entsprechend. An den Herrn mit Perücke denkt man vielleicht nicht gleich. Die Dame mit dem Tiger ist recht knifflig, auch wenn ihre adlige Bezeichnung sogar in der Speise auftaucht.

Vier Adlige zum Verspeisen. Wie heißen die vier?

Andere mehr oder weniger schmackhafte Menschen:
Angelika – Bechamel – Stroganoff – Cumberland – Earl Grey – Graham – Granny Smith – Joule – Kasseler – Kerner – Kir – Klementine – Maggi – Mayonnaise – Melba – Metaxa – Nacho – Margherita – Müller-Thurgau – Pernod – Praline – Pumpernickel – Rotkäppchen – Rumford – Sacher – Salmonellen – Schweppes – Weck – Wellington – Williams

---

Venus]

Die Opernsängerin Nellie Melba schmeckt uns gleich auf zweierlei Art, als Pfirsich und als Toast.
Die Benennung nach einem Menschen ist nicht immer eindeutig geklärt wie bei *Kasseler* und *Mayonnaise* (→ Etymologie).

Lösung: Abgebildet sind v. l. n. r.: Fürst Bismarck (Hering), Lord Sandwich (Wurstsemmel), Lady Curzon (Schildkrötensuppe) und Fürst Pückler (Eis).

ETYMOLOGIE: Mayonnaise und Hannibal
Welche Schweinerei versteckt sich hinter Porzellan?

Etymologie ist die Lehre von der Herkunft der Wörter und ihren Bedeutungsverschiebungen im Lauf ihrer oft langen Geschichte. Etymologie ist ein schwieriges Geschäft. Die Experten vertreten häufig ganz verschiedene Meinungen zur Abstammung von Wörtern. Niemand weiß zum Beispiel, woher das Wort »okay« kommt. Ich verlasse mich meist auf altbewährte Quellen wie das »Etymologische Wörterbuch« von Kluge. Hier ein paar der schönsten Fundstücke:

Balkon: Wohl aus dem germanischen Wort Balken entlehnen die Italiener ihren *balco* und machen daraus *balcone*. In Frankreich wird *balcone* zu *balcon,* und zu uns kommt der *Balkon* zurück, dem unser alter Balken kaum mehr anzumerken ist. Ein schönes Beispiel für einen europäischen Kreisel.

Benzin: Ist nach Carl Benz, einem der Erfinder des Automobils benannt, ja? Falsch, wie fast alles am Benzin: Aus einem Harz von der Insel Sumatra über arabisch *luban gavi*

[Die Tangas unter den Deckmäntelchen für Seitensprünge (8)

(»javanischer Weihrauch«, also Java statt Sumatra) ins Katalanische gekommen. Dort wurde, zweiter Lapsus, das lu in *luban* für ein Artikelwort gehalten und weggelassen. *Bangavi* wurde zu *benjui*, wanderte nach Frankreich und hieß dort *benzoin*, schließlich *Benzoe*. Und aus Benzoesäure destillierte Justus von Liebig schließlich *Benzin*. »Der Große Meyer« von 1890 schrieb zu Benzin: »Man benutzt das B. zur Beschleunigung des Blutumlaufs ...« Von Carl Benz und Auto keine Spur. Und die frühen Automobilisten tankten mangels Tankstelle in der Apotheke.

dämlich: Kommt herrlich wirklich von Herr und dämlich von Dame? Ja, herrlich kommt von Herr, dämlich aber nicht von Dame. Die Dame stammt aus Frankreich, von *ma dame* (meine Dame). Dämlich dagegen hängt mit dem Wort *damisch* zusammen – dumm, verwirrt. Damisch hängt wiederum zusammen mit Wörtern wie dumm.

Fisimatenten: Vielerlei Erklärungen zur Herkunft, keine ist beweisbar. Die lustigste Erklärung: eine Verballhornung von französisch *visite ma tente*, das napoleonische Soldaten hübschen deutschen Fräuleins zugerufen hätten.

Kanone: Laut Duden ursprünglich aus dem Sumerischen stammend. Nicht viele Wörter können wir bis ins 3. Jahrtausend vor Christus zurückverfolgen, vielleicht aber dieses. Ähnlich gebildet sind *Kanister* und *Kanüle* sowie *Kanonissin*. Sonst verdanken wir den Sumerern noch das Wort *Eden* (Garten Eden).

Mayonnaise: Die Mayonnaise oder Majonäse stammt möglicherweise vom *mahonnaise,* dem französischen Adjektiv für Mahon. Das ist eine Stadt auf Menorca, der Nachbarinsel von Mallorca. Mahon wurde vermutlich nach Mago benannt, dem jüngsten Bruder des Feldherrn Hannibal. Wer also Pommes mit Mayo bestellt, denke an Cannae und Karthago.

mutterseelenallein: Laut Waltraud Legros (»Was die Wörter erzählen«) stammt es vom französischen *moi tout seul* (ich ganz allein), das für deutsche Ohren so ähnlich wie *mutterseel* klang, aber so ohne seine französische Bedeutung ganz allein in der Welt war. Also gesellte man ihm *allein* hinzu, und fertig war das Wort.

Frage: Wie kam das *Porzellan* zu seinem Namen? Das Wort Porzellan ist italienischen Ursprungs. Porco, das Schwein. *Porcello,* das Schweinchen. Und was hat das mit Porzellan zu tun? Da es nun nicht jugendfrei weitergeht, überlasse ich es Ihnen, die Spur weiterzuverfolgen.

Lösung: Porcello, das Schweinchen, wurde übertragen zu *porcellano,* dem weiblichen Geschlechtsorgan. (Im Deutschen hat *Ferkel* eine etwas losere Verwandtschaftsbeziehung mit diversen, wieder nicht jugendfreien Bezeichnungen für, ja genau). Wegen der äußeren Ähnlichkeit mit dem weiblichen Organ wurde nun die muschelartige Kaurischnecke als Porcellana bezeichnet (die deutsche Muschel nun hat angeblich keine Verwandtschaft zu ähnlichen, anzüglichen Wörtern). Als das Porzellan aus China erstmals nach Venedig kam, erinnerte seine Farbe die Kaufleute an die gelbweiße Schale der Kaurischnecke/Porcellana, oder sie meinten sogar, das fremdartige Material sei daraus gemacht. Fer-

tig war das Porzellan von der Kaurischnecke, via Geschlechtsorgan, via Schweinchen bis zum Schwein. Meissner Schweinchen gefällig?
→ Ausdrücke

FALSCHE BEZÜGE: Warmer Würstchenverkäufer
Welche Bezeichnungen sind unfreiwillig komisch?

Bei zusammengesetzten Substantiven wie *Würstchenverkäufer* beziehen sich Artikel und Adjektiv immer auf das hintere Wort, also *Verkäufer* und nicht auf das vordere Wort *Würstchen* – weshalb es trotz vieler Würstchen nicht *die Würstchen*verkäufer für den einen Händler heißt. Der warme Verkäufer ist eine der Scherzbildungen wie

* vierstöckiger Hausbesitzer
* freilaufender Hühnerhalter
* fünfköpfiger Familienvater
* halbseidener Strumpffabrikant
* kleiner Kinderlärm
* fauler Tomatenwerfer
* silbernes Hochzeitspaar
* schwarzer Teetrinker
* geräucherte Fischhandlung
* ausgestopfter Tierhändler
* frische Eierfrau

Unfreiwillig wird die Komik bei Ausdrücken, die unseren Ohren so vertraut klingen, dass wir den Unsinn nicht mehr wahrnehmen:

Heirat]

* Königlicher Hoflieferant
* soziale Sicherungssysteme
* atlantische Tiefausläufer
* Technischer Überwachungsverein
* Bürgerliches Gesetzbuch
* englische Sprachkenntnisse
* geheimes Wahlrecht

Der Formulierung »das katholische Kirchenoberhaupt« entnehmen wir immerhin, dass der Papst katholisch ist.

Auch Verbindungen von Adjektiven mit nicht zusammengesetzten Substantiven können schief klingen: der »abstrakte Maler«, das »Auswärtige Amt«, der »technische Direktor« oder »die deutschen Gegner« (bei der Fußball-WM). Ähnlich schief sind Formulierungen wie »gelernte Bürokauffrau«, »studierter Taxifahrer« oder »langgedienter Soldat«. Übrigens: Die Überschrift des § 919 BGB lautete bis vor wenigen Jahren: »Verrückte Grenzsteine«.

FEMININA 1: Alkoholgenus
Welche Alkoholsorten sind femininen Geschlechts?

Maskulin sind die Namen von Spirituosen, so bestimmt es Wahrigs *Grammatik der deutschen Sprache*. Sind nicht überhaupt alle Alkoholsorten außer Bier maskulin?
Der Wein, der Mosel, der Burgunder, der Valpolicella, der Château Pétrus.

[Divadende (4)

Der Schnaps, der Korn, der Wodka, der Cognac, der Whisky, der Gin, der Rum, der Tequila, der Arrak, der Bitter. *Das* Kirschwasser, nun schön, aber da kann man des Wassers wegen nicht anders, ohne Wasser bleibt es *der* Kirsch. Auch *die* Williamsbirne ist durch Birne vorgegeben. In der Kneipe wird die Williamsbirne gern mit *der* Willi abgekürzt.
Der Sekt, der Prosecco, der Schampus, der Sherry. Der Likör, der Cidre, der Cinzano, der Sake.
Das Bier ist anders: das Pils, das Kölsch, das Helle, das Weizen, das Dunkle, das Urquell, das Ale, das Bitter. Gibt es auch maskuline Biersorten? *Der* Stout sagt das deutsche Wörterbuch zu Guinness & Co. und *der* oder *das* Porter. Für Doppelbock lässt der Duden ebenfalls *das* oder *der* zu.
Soweit also alles regiert von *der* und *das*. Wo bleiben die weiblichen Alkoholika?
Frage: Welche weiblichen Alkoholsorten gibt es?

> **Lösung:** Die *Weiße* ist die Berliner Form des Weißbiers. Deshalb greifen Berliner gern zu ihrer *Molle* (von Mulde, bezeichnet ursprünglich nur das Gefäß). *Die* Blonde kennt der Duden als Biertyp; ich kenne Blonde nicht als Bier. *Der* Grappa heißt es meist in Deutschland, Kenner aber sagen *die* Grappa. Beides lässt der Duden zu. Ein alkoholischer Grenzfall ist *die* Bowle.

→ Maskulina

FEMININA 2: Braut und Bräutigam
Welche weiblichen Bezeichnungen sind kürzer als die männlichen?

Angeblich, so liest man hier und da, gibt es nur fünf deutsche Wörter, bei denen die weibliche Form kürzer ist als die

---

Gage]

männliche: *Braut, Witwe, Hure, Schlampe* und *Hexe*. Wenig schmeichelhaft, auch wenn die Sache mit Schlampe/Schlamper nicht ganz stimmt (siehe Eintrag S. 83). Die männliche Entsprechung zu Hure soll wohl Hurer sein, so wie der Hexer zur Hexe passt? Gleich lange Bezeichnungen gibt es viele: der Pflasterer, die Pflasterin, der Zauberer, die Zauberin (siehe S. 84). Bei Nationalitäten sind die Frauen meist länger als die Männer: Italiener/Italienerin, Schwede/Schwedin. Manche sind gleich lang: der/die Israeli und der/die Pakistani. Zu Saudi verrät der Duden kein Femininum. Nur ein Land hat kürzere Einwohnerinnen als ihre männlichen Landsleute, wenn auch nur in bestimmten Fällen: eine Deutsch*e*, ein Deutsch*er*. Demnach sind sechs weibliche Formen kürzer als das maskuline Pendant. Mit die Deutsch*e* und der Deutsch*e* klappt das aber nicht mehr.

Bei Tieren sind die Frauen oft kürzer: Kuh zu Stier, Sau zu Eber, Bache zu Keiler, Stute zu Hengst. Männliche Formen, die von den weiblichen abgeleitet sind: Gans und Ganter, Ente und Enterich, Maus und Mäuserich, Reh und Rehbock.

Frage: Bei einem ehrbaren Beruf, mit dem wohl jeder von uns schon in direkte Berührung kam, ist die weibliche Bezeichnung sehr viel kürzer als die männliche. Welcher allgemein bekannte Beruf ist das?

Lösung: *Hebamme* und *Entbindungspfleger*. Der Duden will uns zwar die Entbindungspflegerin weismachen, aber die heißt landläufig wie auch offiziell einfach Hebamme.

→ Maskulina

FEMININA 3: Mapst im Muttikan
Welche Feminina und Maskulina vermissen wir?

Der Duden verzeichnet eine *Päpstin*. Das ist vorauseilender Gehorsam gegenüber dem Gleichstellungsbeauftragten, dem die Katholische Kirche während der nächsten 253 Duden-Auflagen keine Folge leisten wird. Dann aber wird sie wohl nicht Päpstin, sondern *Mapst* heißen (von Mama, so wie Papst von Papa kommt), und sie wird dem *Muttikan* vorstehen. Immerhin vermag sich der Duden eine Päpstin eher vorzustellen als eine Palästinenserpräsident*in*, denn die ist im Duden nicht vorgesehen. Dafür gibt es nur eine Bundesfamilienminister*in* – was wohl Ex-Familienminister Heiner Geißler davon hält? Lustig sind auch der Stepper und die Stepperin: Fred Astaire und seine weibliche Partnerin Ginger Rogers finden Stepper und Stepperin im Duden; der Nähberuf der Stepperin ist jedoch rein weiblich.

Frage: Welche Formen fehlen im Duden zu vorhandenen Stichwörtern? Welche müssen unbedingt in der nächsten Auflage erscheinen? Ich habe schon mal vorgearbeitet:

Fehlende Feminina: Baudame – Bergfrau – Bossin – Busengrapscherin – damenlos – Drogendealerin – Dunkelfrau – Frauenheldin – Freimaurerin – Gesinnungslumpin – Kanzlerinkandidatin – Latin-Loverin – Möchtegernrennfahrerin – Palästinenserpräsidentin – Ritterin – Saudiin – Schupoin – Singlein – Veronesin – Weltfrau – Weltpriesterin

Fehlende Maskulina: Ammer – Au-Pair-Junge – Bundesfrauenminister – Diätassistent – Emanzer – Homme fatale – Phonotypist – Gehengst – Halbweltherr – Kaiserinvater – Königinvater – Lottofeer – Kaltmo'sieur – Naiver – Prostituierter

---

Astronom]

– Puffvater – Quotenmann – Saftschubser – Schickser – Stepper (= Näher) – Tippser – Vorführherr – Vorzimmerherr
→ Maskulina

FEMININA 4: Die Schlampe und der Schlamper
Welche weiblichen Bezeichnungen haben einen anderen Sinn als die männlichen?

Es gibt Wörter, deren weibliches oder männliches Pendant etwas ganz anderes bedeuten. Die oben Genannten, Schlampe und Schlamper, sind freilich nicht ganz sauber, denn der Duden nennt als Pendant zum Schlamper auch die Schlamperin. Ähnlich ergeht es Masseuse, Masseur und Masseurin und, fast ohne Nebenbedeutung, Friseuse, Friseur und Friseurin. Interessant ist der *Direktor* und die *Directrice*, die Kleidermodelle entwirft. Die Direktorin hat sich erst in jüngerer Zeit dazugesellt. Das sind also Grenzfälle. Kein Grenzfall ist *Hausherr* und *Hausdame*. Der Hausherr ist zunächst mal eine Eigenschaft, die Hausdame übt eine Tätigkeit aus, sozusagen eine gehobene, angestellte Hausfrau.
Frage: Ich kenne eine gängige Berufsbezeichnung für Männer, deren weibliches Pendant (...-in) einen nun wirklich ganz anderen Beruf bezeichnet, ja geradezu eine Berufung. Wie lautet dieses Begriffspaar? (Verzeihe *sie* mir bitte den Ausdruck »Paar«.)

  Lösung: *Ober* und *Oberin* (Leiterin eines Nonnenklosters)
→ Maskulina

FEMININA 5: Wanderin und Zauberin
Welche Frau macht zwei Dinge gleichzeitig?

Die Endung -ererin ist in vielen Fällen verpönt. Die weibliche Form des Zauberers ist somit nicht die Zaubererin, sondern die *Zauberin* oder *Zaubrerin*. So geht es der Eroberin, Förderin, Herausforderin, Lästerin, Lieferin, Martyrin, Pflasterin, Plapperin, Plünderin, Wanderin und Zimmerin. Die Nebenform wie in Zaubrerin klappt aber nicht immer: Lästrerinnen, Liefrerinnen und Märtryrinnen gibt es gottlob nicht. Und manchmal ist auch nur das lange -ererin zulässig: Hausiererin ja, Hausierin nein. Ebenso Programmiererin, Sektiererin und Randaliererin.
Übrigens gibt es solche Kürzungen auch bei Maskulina: Den *Erneuer* listet der Duden neben Erneurer und Erneuerer.
Zurück zu der üblichen Kürzung -erin wie in Zauberin: Erstaunlich ist das Wort *Ersteigerin*, denn es hat zwei Bedeutungen – welche? Eine Frau, die etwas ersteigert, und eine Frau, die einen Berg besteigt. Diese wird noch gesteigert durch die Erstersteigerin.
→ Maskulina

Aus welcher Sprache, die es gar nicht gibt, werden die meisten Bücher ins Deutsche übersetzt?

Aus dem Amerikanischen. Bei Übersetzungen von Grisham, King & Co. heißt es regelmäßig: »Aus dem Amerikanischen übersetzt von xy.«

Brei **]**

FILM: Garbo statt Monroe
Welche Filmgrößen stehen im Duden?

Die Garbo steht im Duden, die Monroe nicht. Die meisten der unter → Literatur Genannten sind auch verfilmt worden; hier beschränke ich mich auf Helden, die wesentlich oder ausschließlich (Rambo) über Filme bekannt wurden.

Chaplin – Disney – Dracula – Frankenstein – Garbo – Hitchcock – Lolita – Rambo – Tarzan – Winnetou – Zampano

→ Musik; Literatur

FLÜSSE: Vater Rhein und die Rhone
Welche Flüsse im deutschen Sprachraum sind männlich?

Der deutsche Fluss ist weiblich, meistens jedenfalls. *Die* Elbe, Donau, Oder, Weser, Mosel, Isar, Salzach, Aare, Etsch.
Die bekannteste Ausnahme ist Vater Rhein, dann folgen *der* Neckar, *der* Inn …
Frage: Welche anderen männlichen Flüsse gibt es noch in unserem Sprachraum? Ich habe noch sieben weitere männliche Flüsse auf Lager. Sie kriegen diese Namen nicht alle zusammen, wetten? (Übrigens: Den Fluss, der sich flussaufwärts in ein Weißes, Schwarzes, Großes und Kleines Maskulinum teilt, zähle ich hier nur als einen Fluss. Und Gewässer wie Forellen*bach* & Co. gelten für diese Frage natürlich nicht.)

Lösung: Männlich sind neben Rhein, Neckar und Inn der Main, der Lech, der Regen (beide in die Donau), der Kocher (in den

Neckar), der Rhin (Brandenburg), der Eisack (Südtirol) und der Rotten (der Name des Oberlaufs der Rhone im deutschsprachigen Teil des Wallis). Drei weitere männliche Flüsse fließen außerhalb des heutigen deutschen Sprachraums: der Bober und der Queis durch Polen sowie der Pregel durch Königsberg.

FRAGEWÖRTER: Das kleine Gespenst und Pu der Bär
Welche Fragewörter beginnen nicht mit w...?

Als Sanitäter im Rettungsdienst des MHD (*Mir Ham Durscht*!) habe ich die fünf W gelernt, die ein Anrufer bei einem Unfall durchgehen muss:

>   Was ist passiert?
>   Wo ist es passiert?
>   Wie viele Verletzte?
>   Welche Verletzungen?
>   Wer ruft an?

Das passte bestens zu der Regel, die ich aus der Schule kannte: Fragewörter beginnen mit dem Buchstaben *w*: was, wer, wie, wo, wann, warum, weswegen. Auf 36 solcher Fragewörter mit *w* bringt es das Duden-Universalwörterbuch, davon allein 23, die mit *wo*... beginnen (wovon, wovor, wozu ...).

Manchmal leiten wir Fragen auch mit *ob* ein: Ob es heute regnet? Das ist ein Sonderfall. Hier interessieren uns nur Fragewörter in normalen Fragesätzen.

Frage: Welche beiden deutschen Fragewörter beginnen *nicht* mit dem Buchstaben *w*?

Harem]

Lösung: In »Pu der Bär« heißt es über den Esel I-Ah: »Manchmal dachte er traurig bei sich: *Warum*?, und manchmal dachte er: *Wozu*?, und manchmal dachte er: *Inwiefern*?, und manchmal wusste er auch nicht so recht, worüber er nachdachte.« (Die Kursivstellungen stammen von mir.) Da haben wir's also: *Inwiefern* ist ein Fragewort, das nicht mit *w* anfängt. Das zweite im Bunde ist *inwieweit*.

FUGEN: Ex-akt und Zäddeäff
Was ist die seltenste deutsche Fuge?

Keiner konnte das Wort *exakt* so akkurat abgehackt sprechen wie Hoimar von Dithfurth: *ex*-(Pause)-*akt*. In seiner legendären Fernsehsendung *Querschnitte* ex-erzierte er uns die ex-akte norddeutsche Aussprache vor, die gleichzeitig enorm wissen-schaft-lich wirkte. In süddeutschen Ohren klingt das mehr nach preußischem Stechschritt, denn da verschleift man die Laute lieber, wie es die romanischen Sprachen zur Perfektion treiben.

Damit Laute leichter ineinander übergehen, gibt es die sogenannten Fugen. Die sind im Deutschen bei zusammengesetzten Wörtern ziemlich häufig. Rund 30 % aller zusammengesetzten Substantive kommen mit einem Fugenelement daher. Welche Fugen gibt es bei deutschen Wörtern?

Fugen-e:	Hund-e-steuer, Bad-e-tuch, bitt-e-t!
Fugen-en:	Bär-en-tatze, Hahn-en-schrei
Fugen-er:	Kind-er-wagen
Fugen-es:	Jahr-es-zeit, Tag-es-anfang

[Empfehlenswertes Inventar bei Oberstübcheninventur (6)

Fugen-ens: *Ab hier*
Fugen-o: *können Sie*
Fugen-s: *selber raten –*
Fugen-n: *Auflösung auf*
Fugen-t: *Seite 247.*

Auf das Fugen-*t* wären Sie nicht so schnell gekommen, nicht wahr? Noch seltener ist die Fugensilbe *ens*. Mit der Frage danach können Sie bislang arglose Mitmenschen zur Weißglut treiben. Das habe ich Ihnen aber nur verraten, weil ich noch einen hinterhältigen Anschlag auf Sie vorhabe.
Frage: Was ist die seltenste deutsche Fugensilbe? Diese Silbe kommt im Duden wohl nur ein einziges Mal vor, und zwar bei einem Wort mit »reduplizierender Wortbildung« wie Wirrwarr oder Heckmeck (→ Doppelmoppel).

> **Lösung:** di(e). Die Fugensilbe *di(e)* taucht auf in *holterdiepolter* sowie gleichklingend in *klapperdiklapp* und *rumpeldipumpel*. Nur das erste Wort listet der Duden. Ob man *po* in *eiapopeia*, *pe* in *etepetete* oder *la* in *papperlapapp* als Fugensilben ansehen will, bleibt jedem selbst überlassen. Und wie steht's mit *de* in *tschingderassabum*?

FUGEN-S: Mord(s)lust
Bei welchen Wörtern ändert ein Fugen-s den Sinn?

Ein ganzes Buch ließe sich über das Fugen-s schreiben. Warum heißt es mal Schwein*e*braten, mal Schwein*s*braten, immer aber Wildschweinbraten?
In Österreich ist das Fugen-s weiter verbreitet als in Deutschland: Aufnahm*s*prüfung oder Zug*s*unglück sind österrei-

Tassen]

chische Spezialbildungen. Dafür kommt ein Wiener Adventkranz ohne *s* aus.
Bei einigen Wörtern jedoch ist das Fugen-s entscheidend, weil es den Sinn ändert. Hat der Kerl, der das Mädchen auf dunkler Straße anquatscht, Mordlust oder nur Mordslust?
Frage: Welche anderen Wörter gibt es, bei denen das Fugen-s den Sinn verändert?

Lösung: Beispiele sind Land(s)mann oder Sport(s)freund.
→ Genitiv

GEGENTEIL: Mit Fug & Druss
Welche Wörter gibt es nur in ihrem Gegenteil?

Manche Wörter haben ihre Grundform verloren – das Ungetüm das *Getüm*, der Überdruss den *Druss* und der Unfug den *Fug*. Dem Un-rat sehen wir noch mit Mühe den Rat wie in Haus-rat an.
Frage: Welche anderen Wörter haben ihr Gegenteil verloren (oder auch nie gehabt)? Hier eine Auswahl:

ent-	behren – fernen – mutigen – rümpeln – schuldigen – setzlich – zückend
in-	fam – kognito
über-	Druss – kandelt – Raschung – schwänglich – tölpeln
un-	Bilden – Bill – entwegt – ersetzlich – Flat – Fug – Gestüm – Geziefer – nahbar – übertrefflich – vergleichlich – verglimpfen – verzüglich – wirsch – wirtlich
ver-	blüffen – brämen – Dacht
wider-	spenstig – wärtig

[Er reicht, es reicht nicht (3)

Und was ist mit *das ist nicht ohne*? Das Gegenteil wäre *das ist ohne:* »Mann, der Film war echt ohne!«
→ Verneinung, doppelte

GEKÖPFTE WÖRTER: Gastronomie im Weltall
Welche Wörter kann man ohne Schaden köpfen?

Was haben die Wörter *Ast, Rat, Rad, rummeln, Astronomie* gemeinsam? Antwort: Die genannten Wörter sind geköpfte Wörter. Setzt man jeweils den Buchstaben G davor, entstehen daraus neue, ungeköpfte Wörter: G-ast, G-rat, G-rad, g-rummeln, G-astronomie. Hier will ich es allgemeiner halten. Welche Wörter gibt es noch, die geköpft einen neuen Sinn ergeben? Beispiele: *Festland – Estland, Moratorium – Oratorium, limitieren – imitieren, Steuerung – Teuerung, zwirbeln – wirbeln.*
Frage: Welche anderen geköpften Wörter können Sie finden? Je länger, desto besser! Bedingung: Die Wörter müssen ihre Bedeutung komplett verändern – *anormal* einfach zu *normal* zu stutzen ist witzlos. In der Liste unten habe ich für die kürzeren, aber immer noch sehr langen Wörter mit zehn oder elf Buchstaben nur Beispiele gelistet. Kürzere geköpfte Wörter finden Sie unter www.eichborn.de/cus. Die längeren Wörter sind, bis auf ein paar fast unbekannte, unten verzeichnet. Kurioserweise bleiben alle Paare in derselben Wortart, es wird also z.B. aus einem Substantiv durch Köpfen kein Adjektiv.

Geköpfte Wörter mit 10/11 Buchstaben (Beispiele)
    (G)Astronomie   –   (h)ausgemacht   –   (m)einerseits   –
    (N)Einsagerin   –   (V)Erquickung   –   (K)Reisläufer   –
    (F)Rostgefahr

Geköpfte Wörter mit 11/12 Buchstaben (Beispiele)
(L)Aufrichtung – (V)Ermittlerin – (f)estländisch –
(r)evolutionär – (n)irgendwoher – (S)Treupflicht –
(r)unterlassen

Geköpfte Wörter mit 12/13 Buchstaben
(g)astronomisch – (h)ausschlachten – (P)Auszeichnung –
(L)Egalisierung – (W)Ehrlosigkeit – (f)einschleifen –
(r)einschreiben – (Z)Erfahrenheit – (v)erschließbar –
(v)erschließen – (V)Erschließung – (V)Ersteigerung –
(A)Gnostizismus – (e)infiltrieren – (V)Ordereingang –
(G)Ratifikation – (r)unterfliegen – (A)Vistawechsel

Geköpftes Wort mit 13/14 Buchstaben
(M)Achtlosigkeit – (h)ausschlachten

Geköpfte Wörter mit 14/15 Buchstaben
(H)Ausschlachtung – (V)Erträglichkeit – (v)erwirtschaften

Geköpfte Wörter mit 16/17 Buchstaben
Siehe Lösung unten

Lösung: Geköpfte Wörter mit 16/17 Buchstaben sind *(F)Rostschutzmittel* und die veraltete, aber immer noch im Duden verzeichnete *Egartenwirtschaft* (Feldgraswirtschaft), die geköpft zur *Gartenwirtschaft* wird. Nicht gewertet habe ich die (C)Es-Dur-Tonleiter sowie deren Schwestern in Des und Ges. Längere köpfbare Wörter gibt es im Duden nicht.
→ Buchstabendopplung

GENITIV 1: Der einsame Genitiv
Welches Wort kann den Genitiv nur auf -es bilden, nicht auf -s?

Die meisten Wörter haben sowohl einen Genitiv auf -s als auch auf -es: des Buchs oder des Buches; des Tischs oder des Tisches; des Walds oder des Waldes. Welche von beiden Formen man verwendet, ist eine Frage des Geschmacks. Nur bei bestimmten Wörtern haben wir keine Wahl: des Fußes, des Witzes. Diese Ausnahme betrifft Wörter, die in der Grundform auf s, ß, z oder x enden.

Frage: Das hier gesuchte Wort endet auf -t, es würde also den Genitiv mit -s durchaus erlauben, doch kommt er nicht vor; stattdessen verwenden wir nur den Genitiv auf -es. Es handelt sich um ein sehr bekanntes deutsches Wort. Wie lautet dieses Wort?

> **Lösung:** *Gott*. Als Genitiv von Gott können wir nicht *Gotts*, sondern nur *Gottes* verwenden (das Reich Gottes). Bei vergleichbaren Wortbildungen geht der Genitiv auf -s sehr wohl: des Pott(e)s, des Schafott(e)s, des Trott(e)s.

GENITIV 2: Des Bauers oder des Bauern
Welche Wörter haben mehrere Genitivformen?

Manche Wörter nehmen verschiedene Genitivformen an. Die häufigste Version ist der Wegfall eines *e*: des Buch*es* oder des Buch*s*. Wörter, die den Genitiv entweder auf -s oder -es bilden, sind so häufig, dass ich sie in die Auswahl nicht aufgenommen habe. Ebenso habe ich nur einige Fremdwörter berücksichtigt, da unterschiedliche Genitivformen bei Fremd-

---

Neid]

wörtern häufiger vorkommen. Erstaunlich, dass selbst bei Allerweltswörtern die Genitivendung schwankt wie bei *Bauer (des Bauers oder Bauern)* oder *Buchstabe (des Buchstaben oder Buchstabens)*.
Frage: Zwei der unten aufgeführten Wörter haben nicht nur zwei, sondern sogar drei verschiedene Genitiv-Formen – welche? Der Wegfall des *e* (des Buches/Buchs) gilt hierbei nicht als eigene Endung.

Ahn – Atlas – August – Barock – Bauer – Bonus – Buchstabe – Depp – Dompfaff – Dreckfink – Dreckspatz – Elsass – Fatzke – Fex – Fratz – Gevatter – Globus – Greif – Habenichts – Herz – Kakerlak – Kaktus – Keks – Magnet – Mai – März – Mistfink – Nachbar – Nachfahr – Oberst – Papagei – Partisan – Profos – Protz – Rabau – Rokoko – Schmutzfink – Senn – Spatz – Strass – Taugenichts – Typ – Untertan

Lösung: Drei Genitive haben *März* und *Mai*: des März, des Märzes und des Märzen, ebenso Mai, Mais, Maien. Die alte Endung auf -en hat sich in Liedern, im Märzen-Bier und in der Maiennacht noch erhalten. Das Wörterbuch kennt sie auch.

GENITIV 3: Eine eigene Endung für zwei Wörter
Welche beiden bekannten deutschen Wörter haben eine eigene Genitiv-Endung?

Die Duden-Grammatik sagt es knapp und klar: »Im Genitiv tritt teils die kurze Endung -s, teils die lange Endung -es auf.«

[Erst danebenbenehmen und dann will man's nicht gewesen sein! (4)

Frage: Eine weitere Endung ist noch relativ häufig. Welche? (Wir beziehen uns nur auf deutsche Wörter, also keine Fremdwörter, und vergessen die Möglichkeit, gar keine Endung anzufügen, wie »Die Kunst des Barock«. Die veraltende Möglichkeit *-ens* an Eigennamen zu hängen wie in *Horazens Oden* interessiert uns ebenfalls nicht.)
Gelöst? Weiter zur **Königsfrage:** Zwei sehr bekannte deutsche Wörter haben nochmals eine andere Endung im Genitiv. Welche Wörter sind das?

> **Lösung:** Die dritte Genitiv-Endung ist *-ses* (des Ereignisses, des Atlasses, des Busses). Und die geheimnisvolle vierte Genitiv-Endung, die nur zweimal auftaucht, ist *-ens*: des Herzens und des Felsens. Der Fels/des Felsens und der Felsen/des Felsens mögen hier vermengt worden sein. Als echte Form auf *-ens* bleibt in jedem Fall das Herz/des Herzens.

Welche geographischen Namen haben ihr Sankt verloren?
Folgende Namen listet der Duden auch ohne Sankt:
Lorenzstrom – Petersburg – Wolfgangsee

Reue]

GESCHLECHT: Der Coup, die Kuh, das Q
Welche Wörter haben drei Geschlechter?

Günther Jauch fragte bei »Wer wird Millionär?« im November 2006:

Was ist im Rechtschreibduden zu finden:

    A Der Waschmaschine   B Der Schleuder
    C Der Mangel   D Der Bügeleisen

Da es eine Familiensendung ist, raten Opa, Mama und Enkelin gleichzeitig. Es geht um 200 €. Die Tochter, etwa 11 Jahre alt, tendiert zu *der Bügeleisen*, Opa ist unsicher, Mama weiß auch nicht recht. Das Publikum wird befragt und entscheidet sich eindeutig. Günther Jauch frotzelt: »Der Mangel an Durchblick war schuld.« Das sagt sich leicht, wenn man nicht im Scheinwerferlicht auf dem heißen Stuhl sitzt.
Drei Geschlechter kennt das Deutsche und bezeichnet sie mit den Artikeln *der, die* und *das*. Jedem Substantiv ist ein Artikel zugeordnet. Manchen sogar zwei – Beispiel: Gehalt. *Das* Gehalt kommt aufs Konto, und *der* Gehalt wird bei Gesprächen zuweilen schmerzlich vermisst. Oder eben *der* Mangel und *die* Mangel (Wäschemangel). Der Titel dieses Buchs, »Der Coup, die Kuh, das Q«, ist eine Anspielung auf die seltsamen Wörter, die hier gesucht sind (und das einzige mir bekannte Beispiel für drei Wörter in völlig verschiedenen Schreibweisen, die gleich ausgesprochen werden und auch noch mit drei verschiedenen Artikeln daherkommen).
Manche Zwitter erkennt man nicht leicht, wie *Wetter: das* Wetter und *der* Wetter (jemand, der wettet). Es gibt hunderte solcher Wörter. Beispiele finden Sie auf S. 96.

[ev.a (12)

Eine praktisch vollständige Liste steht im Internet unter
www.eichborn.de/cus

der oder die
  Alb – Bulle – Finne – Flur – Gang – Haft – Heide – Kunde –
  Mangel – Mast – Otter – See – Taube – Wiener

die oder das
  Besäufnis – Heroin – Hundert – Mark – Maß – Plastik –
  Steuer – Wehr

der oder das
  Alt – Bauer – Bord – Bund – Erbe – Fall – Golf – Korn –
  Lob – Messer – Moment – Paternoster – Schild – Service –
  Stift – Tor – Verdienst – Wetter

Preisfrage: Finden Sie ein Wort, das sogar mit allen drei Artikeln jeweils eine verschiedene Bedeutung hat? Kleine Hilfe: Es zählt nur die gleiche Schreibweise der Substantive, nicht ihre Aussprache. Es gibt übrigens mehrere Lösungen, aber vertrackt ist es schon. Ich selbst musste erst mal über 100 »normale« Zwitter entdecken, bis ich auf den ersten Drilling gestoßen bin. Wie groß meine Freude – und wie groß die Enttäuschung, eines davon, *der/die/das Piccolo* inzwischen zum gewöhnlichen Zwilling degradiert zu sehen.

> **Lösung:** Mit der, die und das jeweils eine eigene Bedeutung haben:
> *Band (die Band = Musikgruppe) – Gig (Wagen, Boot, Auftritt) – Grüne – Korpus (Körper, Textsammlung, Schrift) – Muffel – Single – Tausend*
> Wörter wie Mark oder Pony zähle ich nicht als Drillinge: das Mark/die Mark und *der* Mark (Männername). Ebenso ginge

Protestantin]

dann das Pony, der Pony und *die* Pony (Frauenname). Für Eigennamen werden nur umgangssprachlich Artikel verwendet.

GROSSBUCHSTABEN IM WORT:
BenQ und ProSieben
Wer begann einzelne Buchstaben innerhalb des Wortes großzuschreiben?

Heute schreibt man auch innerhalb der Wörter Großbuchstaben: ProSieben, BenQ, DaimlerChrysler. Unwillkürlich denken wir, dies sei eine moderne Marotte. Ist es aber nicht, wie jeder merkt, der Begriffe wie *GmbH* oder *MwSt.* schreiben will. Klar, das sind Abkürzungen. Vielleicht ist BenQ auch ein Kürzel, wer weiß? Bei *MwSt.* (Mehrwertsteuer) handelt es sich um ein Wort, die Abkürzung mit Groß- und Kleinbuchstaben ist also eine reine Marotte. Die ist übrigens ziemlich alt: Das deutsche *StGB*, Strafgesetzbuch, ebenfalls ein Wort, stammt von 1871. Die *GewO*, Gewerbeordnung, ist noch älter.

Wann begann die Marotte in Deutschland? Mein Kandidat ist noch älter als StGB und GewO. Sehr bekannt ist er nicht, wiewohl er Bedeutendes geleistet hat, ohne Frage. Dafür hat er einen entscheidenden Vorteil – sein Nachname, und um den geht es hier, steht im Duden. Mitsamt der seltsamen Schreibweise.

Frage: Wie heißt die PerSon, die mitten im NachNamen plötzlich einen GroßBuchstaben aufweist?

> **Lösung:** Turnvater *Johann GutsMuths* (1759 – 1839). Er legte sich diese Schreibung seines Nachnamens als Schriftsteller Ende des 18. Jahrhunderts zu.

[Da gehen die Menschen Schlange (4)

GÜNTHI UND GOTTI: Sind sie ganz sicher?
Welche Duden-Ausdrücke stammen aus den TV-Shows von Jauch und Gottschalk?

Die Fernsehshows »Wetten dass ...?« und »Wer wird Millionär?« haben ein Millionenpublikum.
Frage: Vier Duden-Begriffe stammen aus diesen beiden Sendungen – welche?

> **Lösung:** *Fifty-fifty-Joker – Publikumsjoker – Telefonjoker – Saalwette*

HANDWERK OHNE R: Heiteres Beruferaten
Welche Handwerksberufe führen kein »r« im Namen?

Eine Frage aus der Gaudirallye (→ S. 238): »Finde möglichst viele Handwerksberufe ohne den Buchstaben r«. Wie bitte, das soll schwer sein? Probieren wir mal durch: *Maler, Bäcker, Fleischer, Müller, Klempner, Schneider, Schuster*? Mist, alle mit r hinten. Vielleicht gibt es ja gar keine Handwerksberufe ohne r? Doch, gibt es.
Koch gilt nicht, denn das ist kein Handwerksberuf. Niemand wird also vom Kochlehrling zum Kochmeister – allenfalls zum Meisterkoch.
Frage: Finden Sie drei allgemein bekannte Handwerksberufe ohne r?

> **Lösung:** *Schmied* (heißt heute offiziell Metallbauer, ebenso wie der Schlosser), *Goldschmied, Steinmetz.* Dazu kommt der *Modist.*

HÄSSLICHSTES WORT:
Schrubbschlunz und Schrabblwonz
Was sind die hässlichsten Wörter?

Im Garten meines Freundes Axel saßen wir mit 16 und mit dem ausdrücklichen Vorsatz, das hässlichste aller Wörter zu erfinden: *Schrabblwonz* war unser Meister aller Klassen, und ich finde ihn immer noch ziemlich stark. Nicht lang danach hatte ein Klassenkamerad eine Freundin, die wir nicht für einen Ausbund an Schönheit hielten – wir tauften die Freundin hinterrücks *Schrubbschlunz* oder *der Schlunz*. Gleiche Ecke zwar, trotzdem gut. Hier meine Top Ten der hässlichsten Wörter – ohne *Schrabblwonz*, weil der nicht im Wörterbuch steht. Die Wörter haben gern auch eine unangenehme Bedeutung, weshalb ich die gleich mitliefere:

1. Komedonenquetscher (Mitesserzange)
2. Splanchnologie (die Lehre von den Eingeweiden)
3. katexochen (schlechthin)
4. Schruz (minderwertiges Zeug)
5. Hapaxlegomenon (Wort unklarer Bedeutung in toten Sprachen)
6. Kökkenmöddinger (Küchenabfälle in Abfallhaufen der Steinzeit)
7. Zwilch (Zwillich)
8. Quiddität (Scholastik: das Wesen eines Dings)
9. Parallelepipedon (Parallelflach)
10. Zytotoxizität (Fähigkeit zur Schädigung von Gewebszellen)

[Findet mann nicht schwer, aber die schon sehr (4)

Nach einer Umfrage des amerikanischen Sprachlehrerverbandes von 1946 sind die zehn hässlichsten englischen Wörter:
cacophony – crunch – flatulent – gripe – Jazz –
phlegmatic – plump – plutocrat – sap – treachery

HÄUFIGSTE WÖRTER: Die oder der?
Was ist das häufigste Wort im Deutschen?

Die häufigsten deutschen Wörter sind nach dem dtv-Sprachatlas:
die – der – und – in – zu – den – das – nicht – von – sie
Die ist also demnach das häufigste Wort in deutschen Texten (die gesprochene Sprache wurde nicht ausgewertet). Alles sind einsilbige Wörter. Als erstes zweisilbiges taucht *eine* auf Platz 23 auf. Nach der Wortstatistik der Uni Leipzig ist Spitzenreiter nicht *die*, sondern *der:*
der – die – und – in – den – von – zu – das – mit – sich
Stutzig macht der Tausch der beiden Spitzenplätze. Sieht man sich die Leipziger Liste genauer an, fällt jedoch auf, dass auf Platz 19 *Die* kommt, diesmal großgeschrieben. Das Auswertungsprogramm hat also *die* und *Die* als verschiedene Wörter eingestuft.
Nun zur Statistik des Instituts für Deutsche Sprache. Die hat den Vorteil, dass die konkreten Zahlen für jedes Wort mitangegeben sind:

1.	der	3 065 190
2.	die	2 853 990
3.	und	2 147 110

---

eine]

4.	in	1 603 090
5.	den	1 134 880
6.	von	921 110

Diese Hitliste ist der Statistik der Uni Leipzig sehr ähnlich, nur *das* und *mit* haben die Plätze getauscht. Doch auch hier wird wieder zwischen *die* und *Die*, *der* und *Der* unterschieden. Zählt man alle *der* (der und Der) zusammen, ergibt sich 3 397 800. Für *die* (die und Die) lautet das Ergebnis 3 475 492. Also ein knapper Sieg für *die* und gegen die Statistik. Der dtv-Sprachatlas hat doch recht.
Frage: Die drei genannten Statistiken geben als häufigstes Substantiv jeweils ein anderes Wort an. Können Sie eins davon erraten? (Ich schätze, Sie schaffen keines davon. Ich jedenfalls hätte rettungslos daneben gegriffen.)

> **Lösung:** Das häufigste deutsche Substantiv ist laut dtv-Sprachatlas (15. Auflage): *Zeit*. Laut Uni Leipzig: *Prozent*. Laut IDS: *Uhr*. Soviel zum Wert von Statistiken.

→ Buchstaben, häufigste

INTERPUNKTION: Dann ist geschlossen unser B&
Was wollte die Dame ihrem Verehrer sagen?

Dem Dichter Friedrich Rückert wird dieses Brieflein an eine Angebetete zugeschrieben:

> Selbst in weiter weiter Ferne
> Seh ich noch deiner Augen ***
> Vor allem hast du nicht, du Süße,
>   die mir verhaßten » «.

[**Frühwarnung vor unerträglicher Leichtigkeit des Weins (6)**

> O dulde, daß ich, statt zu jammern,
> Mich darf an Deine Seele ( ).

Mit » « sind nicht Anführungsstriche gemeint, sondern Kratzfüße.

Die Antwort der Dame ist etwas schwieriger.
Frage: Was will uns die Dame sagen?

> Wer so wie Du mit Worten prunkt,
> Heiratet nicht. In diesem .
> Seid, o ich bin erfahrungsreich,
> Ihr Männer Euch einander =
> Auf deinen Seufzer geb ich, wenn ich
> Soll ehrlich sprechen, keinen ₰
> ,ber mit dem Ehering,
> Das ist dann gleich ein ander Ding.
> Dann ist geschlossen unser B&,
> Dann bist Du mein GeX zur Stund,
> Dann will ich gerne mit Dir ziehn,
> Wenns sein muß, in die :ien.

Lösung:
₰ = altes Zeichen für Pfennig
,ber = komma ber = komm aber
B& = Bund
GeX = Gemahl
:ien = Doppelpunkt oder Colon + ien, also Colonien (gab's damals noch).

Bukett]

ISOGRAMM: Heizölrückstoßabdämpfung
Was ist das längste deutsche Wort, in dem kein Buchstabe zweimal vorkommt?

Als längstes Wort, in dem jeder Buchstabe nur einmal auftritt, wird gern *Heizölrückstoßabdämpfung* kolportiert, ein Wort mit 24 Buchstaben – wenn es denn wirklich als ein Wort gelten kann. Die Wörterbücher jedenfalls kennen es nicht. Als bestes englisches Isogramm gilt *uncopyrightable* (15 Buchstaben). Im Deutschen haben wir einige Wörter mit 15 Buchstaben, aber auch zwei mit 16 Buchstaben, siehe unten.
Frage: Finden Sie – ohne Spicken in der Liste unten – ein möglichst langes Wort ohne Buchstabenwiederholung? Die Umlaute ä, ö und ü sowie ß gelten als eigenständige Buchstaben (wie auch in *Heizölrückstoßabdämpfung*). Auf geht's!

14 Buchstaben ohne Buchstabenwiederholung:
  Dialektfärbung – dokumentarisch – enzyklopädisch – gastfreundlich – Konsumverzicht – Lombardzinsfuß – Nachzugsverbot – Schlutzkrapfen – schnabelförmig – Tarifdschungel – undemokratisch

15 Buchstaben ohne Buchstabenwiederholung:
  Junktimsvorlage – Klugschwätzerin – Komplizenschaft – Lombardgeschäft – Prämienzuschlag – unproblematisch

16 Buchstaben ohne Buchstabenwiederholung:
  Dialektforschung – schwerpunktmäßig

In den verstreuten Quellen zu Kuriosa der deutschen Sprache war das Wort *schwerpunktmäßig* bislang nicht erfasst.

[**Fünf Bücher für ein Halleluja (5)**

ITALIENISCHE LOKALE: Da Bon Gustaio, pronto?
Wie heißen italienische Lokale in Deutschland?

Eine Suche nach Namen italienischer Lokale (Eiscafés, Osterien, Ristoranti usw.) im Telefonbuch der Deutschen Telekom ergibt für ganz Deutschland folgende Zahl von Einträgen:

Name	Zahl der Einträge		
1.) Venezia	621	2.) Roma	501
3.) Napoli	339	4.) Milano	302
5.) ???	259		

Frage: Wie geht es weiter? Platz 5 finden Sie nur schwer heraus. Und ab »San Marco« wird es dann ganz happig.
Für griechische Tavernen ergibt sich übrigens folgendes Bild: Olympia ca. 300 (viele Nichttavernen), Sorbas / Zorbas 133, Korfu 132, Kreta 109, Odysseus 48. Bei Zeus und Apollo habe ich aufgegeben, da zu viele anderweitige Einträge vorliegen.

Lösung: Bella Italia 259, Adria 255, Toscana 241, San Marco 181, Dolomiti 177, Rialto 141, Sicilia 96, Vesuvio 76, Portofino 70, Firenze 61, Azzurro 40. (Stand: Juni 2007)
Die Eiscafes Marke *Venezia* schlagen alle um Längen, wenn man die venezianischen Sehenswürdigkeiten *San Marco* und *Rialto* dazuschlägt. Dann sind es fast 1000 Lokale mit venezianischem Namen. Soweit es die Einträge hergeben, habe ich versucht, die Namen wegzulassen, die keine Eiscafés oder Ristoranti nennen (z.B. »Verband Deutscher Sinti und *Roma* e.V.«).

Thora (die 5 Bücher Mose)]

KALENDER: Der falsche Tag
Welcher Wochentag ist falsch benannt?

Sie kennen den Beatles-Hit »Eight Days a Week«. Wir sagen auch auf Deutsch »in acht Tagen«. Das heißt soviel wie »in einer Woche«. Zwei Wochen entspricht dann »in 14 Tagen«. 14 Tage sind folglich das Doppelte von acht Tagen? Dumm, dass immer noch gilt: 2 x 8 = 16. Ich komme deshalb immer nur auf sieben Tage die Woche.
Bleiben wir bei diesen sieben Tagen.
Frage: Einer der sieben Wochentage ist falsch benannt. Welcher? Und damit meine ich nicht den alten Streit, ob es Samstag oder Sonnabend heißt und ob am Sonntag wirklich die Sonne scheint oder nicht. Und wenn Ihnen die Frage nicht schwer genug ist, dann verraten Sie mir doch bitte noch, seit welchem Jahr dieser Tag falsch benannt ist?

> **Lösung:** Der *Mittwoch* ist falsch benannt. Wenn die Woche von Montag bis Sonntag dauert, bildet der Donnerstag die Mitte der Woche: Montag/Dienstag/Mittwoch
> – Donnerstag –
> Freitag/Samstag/Sonntag.

Der Mittwoch ist aber erst seit 1976 falsch benannt, jedenfalls in Deutschland. Denn vor dem 1. Januar 1976 begann die Woche offiziell am Sonntag und endete am Samstag. Das scheint uns anachronistisch, hat aber mit der Bibel zu tun: Nach der Erschaffung der Welt ruhte der Herr am siebten Tage. Das war nach jüdischer Tradition der Sabbat oder Samstag, und somit war der Sonntag der erste Tag der Woche.

[Für den kühlen Empfang (8)

KASKADE: Lauter lautere Laute
Wie viele Formen gibt es von laut & Co.?

Laut hat mehrere Bedeutung: *laut* sein, *laut* Gesetz, der *Laut*. Macht schon drei Bedeutungen. Wenn man jeweils einen Buchstaben anfügt, ergibt sich entweder ein neuer Sinn (die *Laute* erklingt) oder eine gebeugte Form von *laut* und *Laut* (die *Laute* im Deutschen; *laute* Nachbarn).
Frage: Wie viele solcher Formen gibt es?

1. laut   laut sein
2. laut   laut Gesetz
3. Laut   der Laut
4. laute   Imperativ von lauten (dein Motto laute ...)
5. laute   Beugung von laut: laute Nachbarn
6. Laute   Instrument
7. Laute   Plural von Laut
8. lauter   edel
9. lauter   Steigerung von laut
10. lauter   nichts als: »lauter Unsinn«
11. lauter   deklinierte Form von laut: »ein lauter Nachbar«
12. lautere   der noch lautere Nachbar
13. lautere   deklinierte Form von lauter: »lautere Absichten«
14. lauterer   deklinierte Form von lauter: »ein lauterer Charakter«
15. lauterer   deklinierte Steigerung von laut: »ein noch lauterer Nachbar«
16. Lauterer   die Mannschaft des 1. FC Kaiserslautern
17. lauterere   deklinierte Steigerung von lauter: »der lauterere Charakter«
18. lautererer   deklinierte Steigerung von lauter: »ein lautererer Charakter«

Eisdiele **]**

KINDERSPRACHE: Rickeracke mit Geknacke
Welche Kinderausdrücke lassen sich fortsetzen?

Ist das schon mal einem Germanisten aufgefallen? Jede Menge Ausdrücke aus der Kinder- und Umgangssprache haben die Vokalfolge i-a. Das beginnt bei *Schni, Schna, Schnappi,* dem kleinen Krokodil, und hört bei *pillepalle* noch lange nicht auf. Im Struwwelpeter macht der Schneider *klipp, klapp,* und ab ist Daumenlutschers bestes Stück. Und wie macht die Mühle, die Max und Moritz fein mahlt? *Rickeracke*, mit Geknacke. Hier eine Liste von i-a-Wörtern:

Bimbam – Bimmelbahn – dingsda – Diridari (bairisch: Geld) – Fickfack – Firlefanz – Fisimatenten – Griesgram – Hickhack – Kika (Kinderkanal) – kippelkappel – klipp-klapp – klipp und klar – Klippkram – Krickelkrakel – Krimskrams – Kritikaster – lirum larum – Miesmacher – Miezekatze – Mischmasch – Obladi Oblada (Beatles-Song) – Pfiffkas – Piepmatz – piesacken – Piesepampel – pillepalle – Pillermann – pipifax – Pipikram – pitschenass – pitschpatsch(nass) – plitschplatsch – prima – rickeracke – Schni, Schna, Schnappi (das kleine Krokodil) – schnickschnack – Singsang – Tick, Trick & Track (Neffen von Donald Duck) – Ticktack – tingeltangel – Tricktrack – weder gicks noch gacks sagen – Wigwam – Wirrwarr – Wischiwaschi – zickezacke – Zickzack

Folgende Doppelausdrücke finden sich noch im Duden:
kling, klang! – klitsch, klatsch! – knicks, knacks! – knips, knaps! – piff, paff! – pitsch, patsch! – rips, raps! – ritsch, ratsch! – schnipp, schnapp! – schwipp, schwapp!

[Georgelt wie gemörtelt (4)

Frage: Welche Ausdrücke dieser Art lassen sich mit einem weiteren Vokal (o oder u) fortsetzen? Beispiel: In dem Kinderbuch-Klassiker »Die Häschenschule« spielt Lehrer Hase die Geige *ping pang pung*. Zu *ping-pang* kommt also noch *pung* hinzu. Diesen Ausdruck kenne ich außerhalb der Häschenschule nicht. Doch es gibt andere, durchaus bekannte Ausdrücke. Welche?

> **Lösung:** ding dang dong; piff paff puff; pipapo; rirarutsch; Schnick Schnack Schnuck (= Schere, Stein, Papier; in Berlin als Tsching Tschang Tschong bekannt); Schnippschnappschnurr (ein Kinderspiel)
> → Doppelmoppel; Umgangssprache

KREISVERKEHR: Von Mao zu Oma
Welche Wörter bilden sich im Kreisverkehr neu?

Verschiebt man den letzten Buchstaben von MA-O nach vorne an die erste Stelle des Wortes, ergibt sich O-MA. Bei welchen anderen Wörtern funktioniert das? Wörter mit drei oder vier Buchstaben sind dabei leichter zu finden als längere Wörter. Versuchen Sie es ruhig, mit etwas Geschick finden Sie sicher einige Beispiele. In meiner Liste bin ich streng – Abwandlungen von Wörtern (Plural, konjugierte Verben usw.) gelten nicht. Es zählt nur die Schreibweise der Stichwörter im Duden. Sie können sich die Sache erleichtern, wenn Sie Abwandlungen, also gebeugte Formen, zulassen. Ab fünf Buchstaben beginnt der Kreisverkehr schärferer Richtung. Mit etwas Augenzwinkern kann man sogar wahre Kunstwerke finden (Cabaret). Seltsam, dass zwischen Wörtern mit sieben Buchstaben und Wörtern mit zehn Buchstaben eine Lücke klafft.

Fuge (Mauerfuge; Orgelstück) **]**

Frage: Welches möglichst lange Wort können Sie finden, ohne unten nachzuschauen? Und gleich noch eine
Frage: Finden Sie ein Wort, bei dem Sie den Kreisverkehr so lange fortsetzen können, bis das Ursprungswort wieder erreicht ist?

Mit drei Buchstaben:
    Alm – mal
    arg – gar
    Bio – Obi
    Deo – Ode
    Leo – ole
    Lok – Klo

Mit vier Buchstaben:
    aber – Rabe
    Adel – Lade
    dero – oder
    Dino – Odin
    Esel – Lese
    Rose – Eros

Mit fünf Buchstaben:
    Angel – lange
    Aurum – Mauru
    Steno – Osten

Mit sechs Buchstaben:
    Eichel – Leiche
    Rating – Gratin
    Tresor – Resort
    Unikat – Tunika
    unterm – munter

Mit sieben Buchstaben:
    a bar etc – Cabaret
    Ehering – Geherin
    einiges – seinige

Mit acht/neun Buchst.
Keine Exemplare bekannt

Mit zehn Buchstaben:
einstimmen – Neinstimme
Inliegende – einliegend

Dreifacher Kreisverkehr:
Demo – Odem – Mode
Endel – Lende – Elend
Omar – Roma – Arom

Kompletter Kreisverkehr:
Eros – Sero – Oser – Rose – Eros. Andere perfekte Beispiele für einen kompletten Kreisverkehr sind nicht bekannt. Nicht perfekt ist (wegen der zwei Wörter à la): Aal – Laa – à la – Aal. Ein kompletter englischer Kreisverkehr ist eat – tea – ate.

[Gerücht, Gericht (4)

KREUZWORTRÄTSEL: Das Schlaue vom Himmel
Wonach fragen die Rätsel auf den Plakaten?

Wort mit 6 Buchstaben   Wort mit 4 Buchstaben   Wort mit 4 Buchstaben

Im Herbst 2005 warb die Münchner Volkshochschule mit auffälligen Rätsel-Plakaten in der ganzen Stadt für ihr Programm.
Frage: Wie lauten die sechs Lösungswörter? (Umlaute werden nicht wie in Kreuzworträtseln mit *ae* usw. umschrieben.)

Wort mit 7 Buchstaben   Wort mit 9 Buchstaben   Wort mit 8 Buchstaben

Lösung Plakat 1, Bonbon (bon = gut) – Leib (Leib-Gericht) – »Land!« (rief der Ausguck)
Lösung Plakat 2: Ampulle (aus Glas; mit chemischer Lösung) – Astrologe – Abgründe

---

Ente]

KURZWÖRTER: Po – Porno – Prof – Profi – Promi
Welche Kurzwörter wandeln ihr Geschlecht?

Kurzwörter: Aus Information wird kurz *Info*, aus Tachometer *Tacho*. Alle mir bekannten Kurzwörter betreffen Fremdwörter. Und die Kurzwörter behalten in fast allen Fällen das Geschlecht des langen Wortes: *Die Demo* kommt von *die Demonstration*, *das Demo* von *das Demoband*.

Frage: In der folgenden Liste verstecken sich sieben Wörter, die als Kurzwort ihr Geschlecht ändern. Welche?

Abi – Abo – Akku – Alu – Ami – Atmo – Auto – Avus – Bob – Bock – Bus – Cabrio – Chauvi – Cola – Comic – Demo (die) – Demo (das) – Deo – depri – Dia – Dino – Foto – Fox – Gel – Glyx – Hack – Hetero – Hiwi – Homo – Infekt – Info – Jumbo – Kat – Kilo – Kino – Kita – Klo – Kombi (der) – Kombi (die) – Kripo – Kroko – Kuli – Labor – Laster – Limo – Litho – Lok – Mail – Memo – Mikro – Muli – Multi – Navi – Öko – Perso – Piano – Po – Porno – Prof – Profi – Promi – Pulli – Rag – Reha – Rheuma – Soli – Sozi – Stasi – Steno – Super – Tacho – Touri – Trafo – Uni – Velo – Zivi – Zoo

Lösung: Die Wörter mit Geschlechtsumwandlung sind das *Foto* (die Fotografie) – das *Gel* (die Gelatine) – der *Infekt* (die Infektion) – das *Litho* (die Lithographie) – das *Muli* (der Maulesel; nicht zu verwechseln mit Maultier) – das *Rheuma* (der Rheumatismus) – die (selten: der) *Stasi* (der Staatssicherheitsdienst). Das *Kino* zählt nicht dazu, denn es entstand aus das Kinematographentheater. Wörter, deren Ursprungswort unklaren Geschlechts ist (wie das oder die *Mail*), zählen nicht.

[**Glaubetrotter (6)**

LÄNGSTE WÖRTER:
Eierschalensollbruchstellenverursacher
Was ist das längste deutsche Wort?

Darauf gibt es keine Antwort, denn jeder kann ein beliebig langes Wort ersinnen. Der Klassiker ist die *Donaudampfschifffahrtsgesellschaft* samt Kapitän und seiner Witwe, die durch die Rechtschreibreform noch ein weiteres f hinzugewonnen hat. Diese früher real existierende Gesellschaft steht sogar im Duden, wenn auch mit Bindestrich nach Donau. Mark Twain mokierte sich über diese »Umzüge sämtlicher Buchstaben des Alphabets« in den schrecklich langen deutschen Wörtern.

Aus extra langen Wörtern kann auch ein Werbegag werden: Der *Eierschalensollbruchstellenverursacher*, ein Eierköpfer, bezieht einen guten Teil des Reizes aus seinem Namen.

Der mecklenburg-vorpommersche Gesetzgeber bereicherte uns 1999 mit dem Rinderkennzeichnungs- und *Rindfleischetikettierungsüberwachungsaufgabenübertragungsgesetz*, kurz RkReÜAÜG. Das lange Wort darin bringt es auf 63 Buchstaben. Das war nun eine Besonderheit aus einem Bundesland. Das Wörterbuch der deutschen Umgangssprache kontert mit *Himmelherrgottsakramentkreuzschockschwerenotpotzbombenelementdonnerwetter* (73 Buchstaben). Auf Bundes- ebene haben es die *Körperschaftsteuerdurchführungsverordnung* und das *Verkehrswegeplanungsbeschleunigungsgesetz* (je 41 Buchstaben) von 1991 zu einiger Berühmtheit gebracht. Dieses Gesetz wurde im Jahr 2004 getoppt vom *Finanzkonglomeraterichtlinieumsetzungsgesetz* (44 Buchstaben). Die Freude währte nicht lange: Die letzte Rechtsvorschrift des Jahres 2006 im Bundesgesetzblatt war gleichzeitig wohl auch die längste jemals: *EG-Verbraucherschutzdurchsetzungsgesetz-Ermächtigungsübertra-*

Pilger]

gungsverordnung, kurz VSchDGErÜbV. Diese Vorschrift bringt es, wie *Himmelherrgott* ... (siehe oben) auf 73 Buchstaben und, leider, zwei Bindestriche.

Angeblich existiert ein chemischer Name für eine Dehydrogenase-Zusammensetzung mit 500 Aminosäuren und 3641 Buchstaben (nach anderen Quellen 3644). 66 000 Buchstaben umfasst ein DNS-Molekül, über das das »Journal of Molecular Biology« 1978 berichtete. Ein vergleichsweise kurzes Protein ist nur 1900 Buchstaben lang und beginnt so: Methionylglutaminylarginyltyrosylglutamylserylleucylphenylalanylalanylglutaminyl ... (den Rest erspare ich Ihnen).

Halten wir uns lieber ans Wörterbuch.

Frage: Was sind die längsten Stichwörter im Duden? (Begriffe mit Bindestrich zählen nicht.)

3. Platz mit je 30 Buchstaben:
   Geschwindigkeitsüberschreitung
   Trinkwasseraufbereitungsanlage
   Unbedenklichkeitsbescheinigung

2. Platz mit je 31 Buchstaben:
   Kraftfahrzeugreparaturwerkstatt
   Steuervergünstigungsabbaugesetz

1. Platz mit je 33 Buchstaben
   Arbeiterunfallversicherungsgesetz
   Bundesausbildungsförderungsgesetz

Im großen Duden-Universal-Wörterbuch findet sich noch die *Schwangerschaftskonfliktberatung* mit 32 Buchstaben.
Die längsten Duden-Wörter für jeden Anfangsbuchstaben finden Sie unter www.eichborn.de/cus

[Hat einen ganzen Haufen Mitarbeiterinnen (6)

LÄNGSTE WÖRTER IN FILM UND LITERATUR:
Wortschwallschlängel
Was sind die längsten Wörter in Filmen und Büchern?

* 27 Buchstaben: *honorificabilitudinitatibus*
  (Shakespeare, Love's Labour's Lost)
* 29 Buchstaben: *floccinaucinihilipilification*
  (Walter Scott, Tagebücher)
* 34 Buchstaben: *Supercalifragilisticexpialidocious*
  (P. L. Travers, Mary Poppins)
* 43 Buchstaben: *Morgenschlafverstörungsrechtsverhunzerleben*
  (Aristophanes, Die Wolken)
* 49 Buchstaben: (in) *wortschwallphrasendurchschlängeltmonostrophischen* (Oden)
  (August Wilhelm Schlegel verspottet deutsche Übersetzungen indischer Poesie)
* 61 Buchstaben: *morderegripippiatabirofreluchamburelurecaquelurintimpaniments*
  (François Rabelais, Gargantua und Pantagruel)
* 70 Buchstaben: *Isopropilprophemilbarbitursauresphenildimethildimenthilaminophirazolon*
  (Liesl Karlstadt in der Filmszene »In der Apotheke« mit Karl Valentin. Möglicherweise ein cineastischer Weltrekord, da Liesl Karlstadt es ungerührt mehrfach kurz hintereinander sagt – und eindeutig als ein Wort, trotz »... *saures*«.)
* 101 Buchstaben: *Bababadalgharaghtakamminarronnkonnbronntonnerronntuonnthunntrovarrhounawnskawntoohoohoordenenthurnuk*
  (James Joyce, Finnegans Wake)
→ Kürzeste Wörter

Ameise]

> **Macht Neid gelb oder grün?**
> Manchmal ist man »grün vor Neid« und manchmal »gelb vor Neid«. Beides ist möglich. Eine Internet-Abfrage zeigt, dass »grün vor Neid« doppelt so häufig ist. Im Englischen ist Neid übrigens ebenfalls für beide Farben gut.

LÄNGSTES UNZUSAMMENGESETZTES WORT:
Nachsilbenwurm
Was ist das längste Wort, das nicht zusammengesetzt ist?

Als längstes Wort, das nicht aus verschiedenen Wörtern zusammengesetzt ist, gilt allgemein *Unkameradschaftlichkeit* (23 Buchstaben). Der Nachsilbenwurm *schaft-lich-keit* macht es besonders lang. Ebenso lang ist *Verantwortungslosigkeit*, falls man *los* nicht als eigenständiges Wort gelten lässt.
Ich trete hier als Anwalt eines noch längeren Duden-Wortes auf, das 24 Buchstaben lang ist: *auseinanderposamentieren* (»etwas umständlich erklären«). Nun kann man argumentieren, *auseinander* sei ein eigenes Wort, und das sei mit *posamentieren* zusammengesetzt. Andererseits besteht *aus-einander* aus drei Vorsilben wie in *aus*-gehen, *ein*-werfen, *ander*-weitig. Ich breche also eine Lanze für *auseinanderposamentieren* – und wer anderes behauptet, hat genauso recht.
Auf je 20 Buchstaben bringen es *bemerkenswerterweise* und *Unvoreingenommenheit*; *Orientierungslosigkeit* bietet 22 Buchstaben.
→ Meiste Vor- und Nachsilben

[Ho(h)lding (5)

LATEIN: Boa constrictor
Welcher lateinische Doppelname für ein Tier ist neben der Boa noch volkstümlich?

Tiere haben oft einen deutschen Namen, immer aber eine offizielle lateinische Bezeichnung, die auf der ganzen Welt gilt. Sie besteht aus Gattungs- und Artnamen: *Canis lupus* ist der Wolf, *Equus caballus* das Hauspferd. Diese lateinischen Namen sind Laien meist unbekannt. Doch gibt es eine Tierart, deren lateinischer Name populär wurde. Der renommierte amerikanische Paläontologe Stephen Gould schreibt in seinem Buch *Bravo, Brontosaurus:* »Ich kenne aber nur einen Fall, wo Gattungs- und Artname aus dem wissenschaftlichen Latein in die Umgangssprache eingegangen sind: Die Boa constrictor heißt auch offiziell *Boa constrictor*.« Soweit Harvardprofessor Gould. Interessant ist, dass diese Popularität im Englischen wie im Deutschen gilt. Leider hat unser Professor etwas übersehen – denn da ist eine zweite Tierart, die mit ihrem lateinischen Doppelnamen sogar bekannter ist als die Boa.

Frage: Wie lautet der Name dieses Tiers?

In der Zwischenzeit ein paar seltsame Namen aus der Tier- und Pflanzenwelt:

* Aaages — Marienkäfer
* Alle alle — Krabbentaucher
* Anophthalmus hitleri — Höhlenkäfer
* Bambiraptor — Saurierart
* Bufonaria borisbeckeri — Meeresschnecke
* Draculoides bramstokeri — Spinnenart
* Ekgmowechashala — Primat
* Festuca vaginata — Scheidenschwingel

Eimer (hohles Ding zum Holen von Wasser usw.)]

* Gorilla gorilla   Gorilla
* Kimilsungia   Orchideen-Hybrid
* Longiphallus   Schneckenart
* Nothobranchius furzeri   Prachtgrundkärpfling
* Zyzzyxdonta   Schnecke (Gattungsname)

Wie das Beispiel des Hitler-Käfers zeigt, sind einmal verliehene Namen aus der biologischen Nomenklatur schwer wieder zu entfernen. Der *Boa constrictor* wäre es 1976 beinahe widerfahren, auf den Namen *Boa canina* hören zu müssen, wie Gould berichtet; der *Brontosaurus* musste seinen Namen tatsächlich abgeben, er heißt nun *Apatosaurus*. Nicht verzeichnet ist die Piemont-Kirsche, denn die gibt es nicht – Mon Cheri und Ferrero zum Trotz. Küsschen!

Lösung: Die zweite Tierart, die wir unter ihrem lateinischen Namen kennen, ist der *Tyrannosaurus rex*.

LAUTE: Das Regime der Loreley
Welche Buchstaben stehen für welche Laute?

Deutsch schreibt man so, wie man es spricht, richtig? Das ist eines der am häufigsten zu hörenden Fehlurteile über unsere Sprache. Deutsch schreibt man keineswegs so, wie man es spricht, wie wir gleich sehen werden. Zugegeben, Deutsch ist da besser als Englisch oder Französisch, deren Rechtschreibung vor ein paar Jahrhunderten einfach stehengeblieben ist, während sich die Aussprache weiterentwickelt hat. Doch welcher Ausländer soll verstehen, wie man diese vier Wörter ausspricht: *Regie – Regierung – Regime – Regiment*. Vier Wörter, zweimal mit G wie in *Gans* gesprochen, zweimal mit G wie in *Genie*.

[Horoskopokus (10)

Ein Buchstabe kann im Deutschen also ganz verschieden klingen. Jetzt drehen wie den Spieß um: Ein Laut kann im Deutschen auch durch ganz verschiedene Buchstaben dargestellt werden, wie das *f* zum Beispiel durch *f, v* und *ph*. Der Laut *ch* kann als *ch* (wie in *ich*) und als *g* (wie in *König*) daherkommen.

Frage: Wie viele Schreibweisen in Wörtern aus dem deutschen Wörterbuch gibt es für den Laut *o*? (Kurze oder lange wie in *Rose* und *Rosse* stelle ich hier der Einfachheit halber gleich, ebenso unterscheide ich nicht zwischen offenen und geschlossenen Vokalen.) Vorsicht, vielleicht habe ich ja eine Möglichkeit für das *o* in der Lösung übersehen. Aber auch Sie werden nicht alle Möglichkeiten zusammenbekommen, das verspreche ich.

Zum Warmlaufen eine Auswahl von Lauten mit den Buchstaben, durch die sie dargestellt werden können:

a	a (Kap)	aa (Haar)	ah (mahnen)	
ä	ä (Ställe)	e (Stelle)		
ch	g (König)	ch (Bottich)		
e	e (leben)	ee (leer)	eh (Lehre)	
ei	ai (Laib)	ay (Bayern)	ei (Ei)	ey (Loreley)
eu	äu (Bräu)	eu (Leute)	oi (Boiler)	oy (Nestroy)
f	f (Ferse)	ff (Stoff)	ph (Photo)	v (Verse)
i	i (lind)	ie (Liebe)	ieh (Vieh)	ih (ihr)
k	ck (locken)	g (Log)	gg (er eggte)	k (Lok)	kk (Akku)
ks	chs (Lachs)	cks (Klecks)	ks (piksen)	x (lax)
p	b (Kalb)	bb (er robbt)	p (Alp)	pp (klappen)
r	r (rein)	rh (Rhein)		
ss	s (er reist)	ß (er reißt)	ss (Risse)	
t	d (Bad)	dt (Stadt)	t (Grat)	th (Thron)	tt (statt)
w	u (Qual)	w (Wal)	v (Vampir)	
z	c (Cicero)	s (falls)	tz (Hertz)	z (Herz)

Aberglaube]

Lösung: Für den Laut o können stehen: *au* (Fauxpas) – *eau* (Eau de Cologne) – *eaux* (bordeauxrot) – *o* (loben) – *oh* (wohnen) – *oo* (Boot) – *ow* (Pankow, Rathenow, Bowle, Bungalow). Und nun kommt's: Für *o* können auch stehen *oe* wie in *Soest* (ausgesprochen Sohst, nicht Söst) und *oi* wie in *Grevenbroich* oder in *Troisdorf* bei Köln (ausgesprochen Grevenbr<u>oo</u>ch und Tr<u>oo</u>sdorf, nicht mit *oi* wie in Hanoi).

LEIPOGRAMM: Anton Foyls Fortgang
Welches Kinderlied kommt in mehreren Strophen ohne den Buchstaben e aus?

Ein Leipogramm oder Lipogramm ist ein Text, in dem ein bestimmter Buchstabe nicht vorkommt, z.B. das e. Ein sehr kurzes Leipogramm wäre zum Beispiel das Wort *Fußballnationalmannschaft*, das ohne den Buchstaben e auskommt. Ganze Bücher sind ohne den Buchstaben e geschrieben worden. Der französische Schriftsteller Georges Perec machte sich das Leben schwer mit dem Buch »La disparition« (deutsch: »Anton Foyls Fortgang«, ebenfalls ohne e).
Mir stünde es fern, Ihnen das Leben so schwer machen zu wollen, drum zur **Frage:** Gesucht ist ein leipogrammatisches Kinderlied, in dem die meisten Strophen kein einziges e enthalten. Wie heißt dieses allgemein bekannte Lied?

> Lösung: *Drei Chinesen mit dem Kontrabass.* In der dritten Strophe kommt zwar nur der Vokal e vor: »Dre Chenesen met dem Kentrebess seßen ef der Streße end erzehlten sech wes …«. Aber in den meisten anderen Strophen gibt es kein e – erst wieder bei »Drei Cheineisein …« und »Dreu Cheuneuseun …«.

→ Längstes Wort ohne e; Pangramm

[**Ist dem Yeti Wurst (3)**

LITERATUR: Romeo ohne Julia
Welche Gestalten der Literatur stehen im Duden?

Desdemona – Don Juan – Don Quichotte – Dracula – Egmont – Eulenspiegel

Welche anderen Figuren können Sie finden?
Lösung auf Seite 247.

Auf Gestalten aus Sagen (Ajax), Märchen (Dornröschen) und Kinderbüchern (Struwwelpeter) habe ich weitgehend verzichtet. Figuren wie Julia, die nur als Vorname und nicht als Gestalt erwähnt sind, sind nicht aufgeführt.
→ Film; Musik

LOGIK: An der Grenze des Verstehbaren
Wie viele Buchstaben hat die richtige Lösung?

(Die kürzeste Frage dieses Büchleins ist oben bereits gestellt.)
Lösung: 4 – das ist die einzige Zahl, die ausgeschrieben ebenso viele Buchstaben hat, wie ihrem Zahlenwert entspricht: *Vier* hat 4 Buchstaben. Das klappt mit keiner anderen Zahl. Das Gleiche im Englischen: Nur *four* hat 4 Buchstaben. Im Italienischen ist die Antwort 3 alias *tre*. Auf Französisch gibt es gar keine Lösung.

Welche Synonyme gibt es für *Wind, Sonne, Hafen, Zeit, Farbe*?
Es gibt keine. So geht es auch *Arm, Auge* und *Ohr* und, mit Einschränkung, *Tisch, Fuß* und *Nase*.

Yak]

MAGISCHE QUADRATE: Bis zu 7x7
Was ist das größte magische Quadrat?

Magische Zahlenquadrate kennt jeder. Magische Buchstabenquadrate sind viel seltener. Sie haben keine Querbalken wie Kreuzworträtsel, und jedes Wort waagerecht kreuzt sich mit einem gleichlautenden Wort senkrecht.

Buchstabenquadrate sind sehr viel schwieriger herzustellen als Zahlenquadrate, für die man nur ein paar Kniffe kennen muss, damit man sie am Fließband produzieren kann. (»Wetten dass ...?« wollte das nicht glauben und fiel auf einen Wett-Kandidaten herein, der die Zahlen-Quadrate nur so aus dem Ärmel schüttelte.)

Je mehr Kästchen das Quadrat hat, desto schwieriger wird es. Quadrate mit 4x4 oder auch 5x5 Kästchen kann man noch selbst basteln, ab 6x6 wird es schwierig, 7x7 gilt nahezu als das Maximum des Schaffbaren, will man nicht Ausdrücke aus fremden Sprachen, geographische Eigennamen aller Art usw. zulassen.

B	E	A	G	L	E
E	I	K	L	A	R
A	K	T	E	U	R
G	L	E	I	S	E
L	A	U	S	I	G
E	R	R	E	G	T

[Hat mann eben, der eine mehr, der andere weniger (7)

Das folgende Magische Quadrat mit 7 x 7 Feldern ist unvollständig. Können Sie es vervollständigen? Die Lösung finden Sie auf Seite 247.

	T	H	E	N		
	H	A	R		I	
	E	R		A	N	
	N		A	G	E	
		I	N	E	K	

MAN: Das ärgert man aber
Wie lauten die Fälle von man?

Das kleine Wörtchen *man* – es ist offensichtlich kein Substantiv, weil man *man* klein schreibt. Dennoch kann man es deklinieren wie ein Substantiv.
Nominativ: Das macht *man* nicht!
Dativ: Das passiert ???, wenn man nicht aufpasst.
Akkusativ: Das rührt ??? zu Tränen.
Frage: Welche Wörter gehören an die Stelle der Fragezeichen oben?

> **Lösung:** *Man* im Nominativ wird zu *einen* im Akkusativ (Das rührt *einen* zu Tränen.) und zu *einem* im Dativ (Das passiert einem, wenn man nicht aufpasst.)

Liebste **]**

MASKULINA 1: Euer Ehren ist eine Memme!
Welche Männer tragen weibliche Titel?

Viele Bezeichnungen, die auch für Männer gelten, sind weiblich: *die Person* etwa. Traditionell männlich ist die *Wache* (»die Wache und der Dienstbote heirateten«). *Die Memme* und die *Niete* sind meist ebenso männliche Wesen wie *die Koryphäe, die Autorität, die Kapazität* (»Professor Müller ist eine Kapazität auf seinem Gebiet«). Dagegen ist *der Sopran*, seit er nicht mehr von Kastraten verkörpert wird, stets eine Frau. *Der VIP, Promi* oder *Star* kann auch eine Frau sein, *die Filmfigur* oder *Filmgestalt* ebenso ein Mann.

Titel haben fast immer eine männliche und eine weibliche Form – *der König* und *die Königin, der Studienrat* und *die Studienrätin*.

Frage: Welche Titel sind immer weiblich, auch wenn sie einen Mann bezeichnen?

> **Lösung:** Die Majestät; die königliche Hoheit; die Heiligkeit (Papst); die Durchlaucht; die Eminenz (als Kardinal immer ein Mann); die Exzellenz; die Magnifizenz (Uni-Rektor); die Spektabilität (Dekan); die Seligkeit (Patriarch); die Gnade (Euer Gnaden – Abt), die Ehre (Euer Ehren – Richter in den USA).

MASKULINA 2: She went down, he went down
Welche drei Riesenschiffe waren maskulin?

Schiffe sind weiblich – von *Jacqueline*, der Jolle im Baggersee, bis zur *Titanic* heißt es immer *die*: die *Arche Noah*, die *Argo*, die *Mayflower*, die *Bounty*, die *Kursk*. Das gilt sogar, wenn das Schiff nach einem Mann benannt ist: die *Bismarck*, die *Wil-*

[John F. Kennedy zum Reinbeißen (8)

helm Gustloff, die *Gorch Fock*, die *Nimitz*. Auch im Englischen werden Schiffe *she* genannt, wie die *Titanic*: »She went down at 2.20« (sie ging um 2.20 unter).

Aus dem Meer der femininen Schiffe ragen meines Wissens nur drei männliche Schiffe aus gleicher Baureihe hervor. Sie sind natürlich nicht so bekannt wie die *Titanic*. Dafür war jedes der drei einmal das größte Schiff der Welt.

Frage: Wie heißen die drei maskulinen Schiffe?

> **Lösung:** Der *Imperator* lief 1913 in Hamburg vom Stapel und war damals das größte Schiff der Welt. Da Kaiser Wilhelm II. das Schiff persönlich taufte, wäre ihm wohl *die Imperator* nicht zackig genug vorgekommen. Also wurde es *der Imperator*. Ebenso die noch etwas größeren Brüderschiffe: *der Vaterland* und *der Bismarck* (im Unterschied zum Schlachtschiff des Zweiten Weltkriegs – *die Bismarck*).

→ Feminina; Alkoholika

MEISTE KONSONANTEN HINTEREINANDER:
mpfpfl & Co.
Welche Wörter haben acht Konsonanten hintereinander?

Das Deutsche ist weithin gefürchtet für seinen Reichtum an Konsonanten. Wörter wie *plantschst, quietschst, schnarchst* und *schrumpfst* sind der Schrecken jedes *Deutschschülers*, vor allem, wenn er aus den vokalreichen romanischen Ländern kommt. Ein Wort wie *Herbstblume* kann Ausländer zur Verzweiflung treiben. Ein Franzose würde es etwa »Erbesteblüm« aussprechen.

Frage: Welche Wörter haben die meisten Konsonanten direkt hintereinander, nämlich acht? *Herbstblume* kommt schon auf

sechs Konsonanten, *Deutschschüler* auf sieben. Die Sieben- und Achtkonsonanter kommen durchweg mit einem oder zwei *sch* daher. *Sch* entspricht aber nur einem gesprochenen Laut. *Angstschweiß* hat daher nur sechs Konsonanten-Laute hintereinander. So viele schafft auch die *Sumpfpflanze*.
Aber auch Wörter mit fünf aufeinanderfolgenden Konsonanten muss man erst mal finden. Für Ungeduldige hier die Rekordhalter aus dem Wörterbuch

Fünf Konsonanten hintereinander:
    mmsch   (grimmsche Märchen)
    mpfst   du schru mpfst usw.

Sechs Konsonanten hintereinander:
    chtsph   Geschichtsphilosophie
    llschr   Rollschrank
    mpfpfl   Sumpfpflanze, Impfpflicht
    ncksch   plancksches
    rschbl   Kirschblüte
    rststr   Durststrecke
    schsch   Froschschenkel
    tsschw   Heiratsschwindler

Sieben Konsonanten hintereinander:
    chsschw   Fuchsschwanz
    chtschl   Nachtschlaf
    chtschr   Rechtschreibung
    ftsschl   Geschäftsschluss
    ltsschw   inhaltsschwer
    rchschn   Durchschnitt
    rktschr   Marktschreier

[**Kastenwesen mit Fangarmen (6)**

| schtsch | Chru*schtsch*ow |
| ttsschn | Herrgo*ttsschn*itzer |

Acht Konsonanten hintereinander:
chtsschr	Geschi*chtsschr*eibung
lschschw	We*lschschw*eizer
ngstschw	A*ngstschw*eiß
chtsschr	Re*chtsschr*ift
rschtsch	Bo*rschtsch*
tschschw	Deu*tschschw*eiz

Weitere Beispiele unter www.eichborn.de/cus

Beim *Borschtsch*, der russischen Kohlsuppe, sind es nur vier gesprochene Konsonanten und eigentlich noch weniger – stellt man die unbeholfene deutsche Umschreibung des einen russischen Buchstaben щ durch *schtsch* (wie auch in Chru*schtsch*ow) in Rechnung. Auf Russisch hört man dafür nicht sieben Konsonanten und auch nicht drei, sondern nur ein gedehntes *sch*. Dafür genügt ein Buchstabe. Auf diese Weise kommt *Borschtsch* auf Russisch mit vier Buchstaben aus statt unserer zehn: **борщ**
Für *Borschtsch* verweigern die Wörterbücher leider Genitiv und Plural, so dass die Form *Borschtschs* mit 9 Konsonanten doppelt unbekannt ist. Am Flüsschen Göltzsch in Sachsen liegt die Stadt Rodewich. Dort gibt es die Gö*ltzschstr*aße – mit neun Konsonanten hintereinander.
→ Meiste Konsonanten in einem Wort

Keeper **]**

MEISTE KONSONANTEN IN EINEM WORT:
Schlumpf & Schlammschlacht
Welche Wörter haben überhaupt keine Vokale?

Frage: Gibt es Ausdrücke im Deutschen, in denen gar kein Vokal vorkommt? Abkürzungen usw. gelten natürlich nicht. Die Umlaute ä, ö, ü und y gelten als Vokale, dürfen also auch nicht vorkommen. Übrigens handelt es sich um einige sehr bekannte Ausdrücke, die auch im Duden stehen.

Will man y nicht als Vokal zulassen, wäre *symphytisch* das Wort mit den meisten Konsonanten und nur einem Vokal (i). Das scheint mir aber übertrieben streng. Als das längste englische Wort mit nur einem Vokal gilt *strenghts* (»Stärken«).
Zum Trost für Vokalliebhaber treibt es das Tschechische noch schlimmer. »Steck den Finger in den Hals« heißt dort: *Strc prst skrz krk*.
Lange Wörter mit nur einem Vokal sind etwa:
  Borschtsch – d'hondtsch – FKK-Strand – grimmsch – pflatsch – plancksch – Schlacht – schlecht – schlicht – Schlucht – Schlumpf – schlumps – schmilzt – Schmölln – Schwulst – (symphytisch) – Tratsch – Tschusch
Nun zu den Wörtern mit zwei Vokalen. Hier zeigt sich erst die wahre Vokalarmut vieler deutscher Wörter. Ein paar Zweisilber mit den Verhältnissen von Konsonanten zu Vokalen:

	Bst.: Vokal	*Verhältniszahl*
Schlammschlacht	13 : 2	6,5
Schmutzschicht	12 : 2	6,0
Schnickschnack	12 : 2	6,0
Schnappschloss	12 : 2	6,0
schnurstracks	11 : 2	5,5

[Keineswegs Postille (4)

Schrumpfkopf	10 : 2	5,0
Platzangst	8 : 2	4,0

In *Schlammschlacht* kommen also auf jeden Vokal 6,5 geschriebene Konsonanten. Machen Sie das mal einem Italiener klar ...

> **Lösung:** Gar keine Vokale haben die Ausdrücke *brr, pst, pscht*.
> Karl Valentin erfand den Namen *Wrdlbrmpfd*.
> Im Englischen gibt es den Begriff *nth* (das n. Glied usw.). Die Aussprache des englischen Wortes Saint wie in Saint Louis gibt der Duden mit *snt* an.

MEISTE VOKALE HINTEREINANDER: Teeei & Co
Welches Wort hat die meisten Vokale hintereinander?

Zur Erholung von den konsonantenreichen Wörtern hier einige vokalreiche Wörter:

Auf jeden Vokal kommen so viele Konsonanten:

eiapopeia	3,5
Sauerei	2,5
eimerweise	1,5
Wiederaufbau	1,4
Europameister	1,2
Seidenmalerei	1,2
Leibesvisitation	1,0

Das *Teeei* tritt wegen seiner Kürze außer Konkurrenz an. Ebenfalls ausgeschlossen bleiben hier Wörter, die nur aus Vokalen bestehen, wie *Ei* oder *Aue*.

Furz (keine Po-Stille)]

Frage: Welche Wörter haben besonders viele Vokale direkt hintereinander? Drei Vokale hintereinander kommen häufig vor: t_eue_r, _eia_pop_eia_, h_eia_, L_aie_, Ingen_ieu_r.
Etliche Wörter haben vier Vokale hintereinander: B_auau_fsicht, Tr_eueid_, b_eiei_nander, T_eeei_.
Und zwei deutsche Wörter haben fünf Vokale hintereinander. Welche?

Lösung: zw_eieii_g (zweieiige Zwillinge); Don_auaue_n.

MEISTE VOR- UND NACHSILBEN: unvorhersehbar
Welches Wort hat die meisten Vor- und Nachsilben?

Als Vor- und Nachsilbe lasse ich hier alles gelten, was nicht zum Wortstamm gehört, also auch Endungen wie *-ung*. *Unnahbar* hat zwei solche Silben: *Un* und *bar*. *Unnahbarkeit* hat schon drei. Wörter mit mehr als drei solchen Silben sind nicht leicht zu finden. Aus einem einfachen Wort wie *sehen* kann mit Zusätzen leicht ein Bandwurmwort werden wie in *Un-ab-seh-bar-keit*.
Ein Wort wie *hinauskomplimentieren* bleibt hier außer Betracht, da Vor- oder Nachsilben in Fremdwörtern oft schwer oder gar nicht mehr erkennbar sind.

Vier Vor- und Nachsilben (Stammwort jeweils unterstrichen):
Be-<u>lang</u>-los-ig-keit – <u>Schon</u>-ungs-los-ig-keit – Über-be-an-<u>spruch</u>-ung – Un-ab-<u>seh</u>-bar-keit – Un-auf-<u>dring</u>-lich-keit – Un-<u>kamerad</u>-schaft-lich-keit – Un-<u>wirt</u>-schaft-lich-keit – Vor-an-<u>künd</u>-ig-ung

[**Kürzungen im Gesundheitswesen (12)**

Fünf Vor- und Nachsilben:
   Auf-ent-<u>halts</u>-ge-<u>nehm</u>-ig-ung – Er-<u>barm</u>-ungs-los-ig-keit – Un-vor-ein-ge-<u>nommen</u>-heit – Un-vor-her-<u>seh</u>-bar-keit – Un-be-ein-<u>fluss</u>-bar-keit – Zu-<u>schau</u>-er-be-<u>teil</u>-ig-ung

Sechs Vor- und Nachsilben:
   Ver-ant-<u>wort</u>-ungs-los-ig-keit – Un-ab-<u>häng</u>-ig-keits-er-<u>klär</u>-ung

Sieben Vor- und Nachsilben:
   Un-be-<u>denk</u>-lich-keits-be-<u>schein</u>-ig-ung

   → Längstes unzusammengesetztes Wort

MUSIK: Von Aida bis Yankee Doodle
Welche Musikstücke kommen im Duden vor?

Yellow Submarine steht nicht im Duden, *Stille Nacht* nicht und der *Schneewalzer* auch nicht.
Frage: Welche Musikstücke stehen denn im Duden? (Stücke wie die *Fledermaus*, *Pastorale* oder *Lohengrin*, die als normales Stichwort verzeichnet sind, habe ich nicht aufgenommen.)

   Aida – Appassionata – Bajazzo – Brabançonne (die belgische Hymne) – Cosi fan tutte – Deutschlandlied – Don Giovanni – Eroica – Internationale …

Welche Stücke finden Sie noch? Die Lösung steht auf S. 247.

Amputationen **]**

NAMEN 1: Die rätselhafte Mona Lisa
Wie heißt das bekannteste Gemälde der Welt richtig?

Namen in anderen Sprachen klingen oft so anders als unsere Bezeichnung, dass wir den gemeinsamen Ursprung nicht mehr erkennen: Die Oper *Nabucco* etwa – Nabucco ist italienisch für Nebukadnezar. Oder die Oper *Guillaume Tell*. Wer soll denn das schon wieder sein? Tell ... ach so, Wilhelm Tell; Guillaume ist französisch für Wilhelm.

Die rätselhafteste Rechtschreibung aber bleibt der rätselhaftesten aller Frauen vorbehalten: der *Mona Lisa*. Ich habe mal einen Hamburger Kunstprofessor gefragt, der wirklich alles zu jedem einzelnen Pinselstrich in einfach jedem Gemälde wusste: Wie heißt die Mona Lisa eigentlich richtig? Er hatte eine so dämliche Frage nicht erwartet und druckste herum: Mona Lisa sicher nicht, so heiße sie ja nur auf Deutsch und Englisch, wich er aus. Die Franzosen rufen sie La Joconde, die Italiener La Giaconda, aber, soweit tastete sich der Professor vor, das sei wohl nicht der offizielle Name. »Ganz richtig!«, meinte ich. Was also ist der offizielle Name, der auf dem Schildchen neben dem Bild im Louvre und im Louvre-Katalog steht? Er kommt übrigens der deutschen Bezeichnung Mona Lisa recht nahe. Der Kunstprofessor war ratlos. Na, ich hab's ihm dann verraten. »Erstaunlich, wirklich erstaunlich!«

Frage: Wie heißt die Mona Lisa richtig?

> **Lösung:** Der offizielle Name der Mona Lisa lautet *Monna Lisa*. Monna ist eine Verkürzung von ma donna (»meine Frau«) oder Madonna. Das Bild heißt auf Deutsch also *Frau Lisa*. Warum wir Monna nur mit einem n schreiben, bleibt rätselhaft.

[Letzte Mark ohne Euro (4)

NAMEN 2: Vorname = Nachname = Vorname
Was ist die längste Personenkette?

Manchmal ist der Nachname eines Promis der Vorname eines anderen Promis: George Michael – Michael Jackson oder Max Ernst – Ernst Jünger. Ich habe lange Listen von Promis gesammelt, die sich dafür eignen. Reizvoll ist es nun, daraus Personenketten zu basteln:

> Fritz Walter – Walter Benjamin – Benjamin Franklin – Franklin Roosevelt
> Boy George – George Michael – Michael Douglas – Douglas Fairbanks
> Curt Götz – Götz George – George Washington – Washington Irving – Irving Berlin

Es lassen sich längere *Personenketten* bauen, ja ein ganzer *Personenkreis* bilden, der am Ende wieder am Ausgangspunkt der Kette ankommt. Für den Anfang und zum Hausgebrauch rate ich Ihnen aber, einfach mit einer Aneinanderreihung von zwei Namen zu beginnen – aus Edmund Hillary wird Hillary Clinton oder »Edmund Hillary Clinton«. Dann können Sie versuchen, längere Personenketten zu bilden. Dabei kann man seltsame Künstlernamen einfach als Vor- und Nachnamen gelten lassen (»Boy George«).
Frage: Finden Sie eine möglichst lange Personenkette?
Hier einstweilen ein paar weitere Promis für die ersten Schritte. Klar ist, dass z.B. der Rennfahrer Rubens Barrichello nur am Ende der Kette stehen kann und zwar hinter Peter Paul Rubens:

Däne]

Jean Paul – Eva Herman – Victor Hugo – Bruno Jonas – Ella Fitzgerald – Jesse James – Jan Ullrich – Margot Werner – Paul Simon – Elton John – Joseph Conrad – Rubens Barrichello – Karl Valentin – Ludwig Erhard – Heinz Erhard – Max Ernst – Lee Harvey Oswald – Jean Paul – Peter Alexander – Ray Charles – Mark Anton – Steve Martin – Jamie Oliver – Götz Otto – Peter Ludwig – Heinrich George

Eine Liste weiterer Namen als Spielmaterial finden Sie unter www.eichborn.de/cus

> Ein Satz mit fünfmal »nie« *hintereinander? Und einer mit sechsmal »Essig« hintereinander?*
> Warum hat Paga*nini nie Nini*ve gesehen?
> Selten *ess' ich Essig – ess' ich Essig, ess' ich Essig* zum Salat.

NAMEN 3: Der Iwan und der wahre Jakob
Welche Namen sind sprichwörtlich?

Hinz und *Kunz* sind sprichwörtlich. Die feinere Ausgabe der beiden, für die Gebildeten, lautet *Krethi* und *Plethi*.
Frage: Welche anderen Vor- oder Nachnamen kommen in Redewendungen vor oder werden verallgemeinert benutzt wie *Lieschen Müller*?

August	dummer –
Barthel	wo der – den Most holt
Emil	ich will – heißen, wenn …
Emma	zwischen Tante und Laden

[**Liebesgrüße vom Finanzamt (12)**

Fritze	Klecker-, Mecker-, Nörgel-, Trödel-, Versicherungs-
Hans	-Dampf, -Guckindieluft, -wurst, Fasel-, Prahl-, Schmal- (Küchenmeister)
Heidi	– gehen
Heinrich	flotter –
Hempels	(Sofabesitzer)
Iwan	der – (die Russen)
Jakob	der wahre –
Kaspar	Suppen-
Koks	Graf – von der Gasanstalt
Liese	Mecker-, Schnatter-, Trödel-, Zimper-
Lumpi	Nachbars scharfer Hund
Meier	ich will – heißen, wenn ...; Frau – (Toilette); Mensch –
Otto	– Normalverbraucher; flotter –; gib mal den – rüber!
Peter	Hacke-, Miese-, Struwwel-, Wackel-, Ziegen-
Philipp	Zappel-
Xanthippe	Zankweib

Finden Sie weitere sprichwörtliche Namen? Mehr davon stehen auf S. 248.

Unbestimmt sind diese Bezeichnungen:
der/die Dings; der/die Dingsbums; der/die na sag schon; der/die Schlagmichtot; der/die Soundso; der/die Sowieso

Erstattungen]

ORTSNAMEN 1: Wales vs. Tirol
Was ist der längste und was der kürzeste aller Ortsnamen?

Viele Regionen streiten um den längsten Ortsnamen der Welt. Bekannt ist der längste Ortsname Europas, in Wales: *Llanfairpwllgwyngyllgogerychwyrndrobwllllantysiliogogogoch* (58 Buchstaben). Als längster Ortsname Deutschlands gilt *Höhenkirchen-Siegertsbrunn* bei München mit 25 Buchstaben. Lange deutsche Ortsnamen ohne Bindestrich sind *09548 Deutschkatharinenberg, 24214 Großkönigsförderwohld und 09948 Hammerunterwiesenthal (jeweils 21), gefolgt von 18442 Zitterpenningshagen (19)*. Interessanter finde ich die kürzesten Ortsnamen. Die alte Stadt *Ur* im Zweistromland etwa. In Deutschland gibt es Ortsnamen wie *Au* oder *Oy*. Noch kürzer sind die Orte Y in Frankreich und Ø in Dänemark. Soweit findet man das in einschlägigen Quellen wie dem Guinness-Buch.

Ich habe da aber noch was Besseres: Den wirklich allerkürzesten Ortsnamen. Sie meinen, das geht nicht? Ich meine, es geht. Dieser Ortsname steht auf Wegweisern und Ortsschildern in Tirol. Und weil die Tiroler genau solche Schlawiner sind wie meine bajuwarischen Ahnen, dürfen's mir bei der Lösung nicht bös sein, abgemacht?

Frage: Wie lautet dieser mysteriöse Ortsname?

> **Lösung:** Der kürzeste aller Ortsnamen hat weder zwei Buchstaben noch auch nur einen. Er hat nämlich gar keinen Buchstaben. Oder anders gesagt: Die Gemeinde *Namlos* im Namloser Tal bei Reutte in Tirol verzichtet offenbar auf einen Namen.

[Vorne O: WiKing; hinten o: JuraKing (3)

ORTSNAMEN 2: Marzipan und documenta
Welche beiden deutschen Städte erhoben denselben Beinamen zum Namen?

Sie kennen die törichten Synonyme für Städte: Die Marzipanstadt Lübeck. Spree-Athen und Elb-Florenz. Hamburg – das Tor zur Welt. Mainhattan. Das Venedig des Nordens (gilt für etwa jede zweite Stadt nördlich der Alpen). Die Isarmetropole. Gneisenaustadt Schildau. Die documenta-Stadt Kassel. Die Fuggerstadt Augsburg. Die neun amtlichen Hansestädte in Deutschland.

Frage: Zwei kleinere, aber historisch bedeutsame deutsche Städte haben ihren Beinamen sogar zum amtlichen Namensbestandteil erhoben. Der Beiname ist übrigens in beiden Fällen derselbe.
Welche Städte sind das?

Lösung: *Lutherstadt Wittenberg* und *Lutherstadt Eisleben*.

PALINDROME 1: Alle von hinten
Was sind die längsten Palindromwörter?

Welchem Autofahrer, der die Gemeinde *Staats* in Sachsen-Anhalt durchbraust, fällt dabei etwas auf? In Franken liegt die Ortschaft *Burggrub*, in der Uckermark *Woddow*.
Palindrome, also Wörter oder Sätze, die man vorwärts und rückwärts lesen kann, gehören zu den beliebtesten Sprachspielen. Dabei ist gar nicht klar, was ein Palindrom ist: Muss ein Palindrom rückwärts gelesen den gleichen Sinn haben wie die altbekannten *Anna* und *Otto*? Oder darf es rückwärts auch ein anderer Sinn sein wie in *Gras/Sarg*, *Lager/Regal* oder

---

DIN (Odin; Dino) **]**

Leben/Nebel? Für mich sind beides Palindrome. Einen neuen Sinn in *Pils* oder *Agnat* zu finden, bietet, so finde ich, einen höheren *Reiz*.

Schwierige Fälle betreffen Buchstabenkombinationen wie *ch, sch, eu* und *ie*. Wie soll man die rückwärts lesen? Nehmen wir das Wort *schief*: Rückwärts geschrieben *feihcs* – das kann man kaum mehr aussprechen. Nimmt man stattdessen *sch* als einen Laut (was es ja auch ist, wir brauchen nur drei Buchstaben dafür), sowie *ie* als einen Laut, ergibt sich ein anderes Bild: *fiesch*. Klingt schon besser. Zufriedenstellend ist das ganze aber nicht lösbar.

Bei der phonetischen Rückwärtsaussprache (sch, ch und ie als jeweils ein Laut; Doppelbuchstaben wie ein Buchstabe) tauchen plötzlich ganz neue Palindrome auf: Aus Fisch wird *Schiff*, aus schicken *neckisch*, aus Achim *Micha*, aus falsch *Schlaf*, aus Busch *Schub*. Aus husch wird umgekehrt ein *Schuh* draus. Aus Clou wird *Ulk*.

In Filmen und Büchern sind Palindrome ähnlich beliebt wie → Anagramme: Aus Hollywoods Steven *Spielberg* wird Kammerjäger *Grebleips* (im Film »Duell« taucht ein Auto mit dieser Aufschrift auf). Bei Käpt'n Blaubär mutiert die *Fata Morgana* zu *Anagrom Ataf*. Hier einige Palindromwörter:

Mit gleichem Sinn vorwärts wie rückwärts:
Abba – aha – Annasusanna – Bub – Egge – Ehe – Elle – Gag – Kajak – Legel – Level – Malajalam – Maoam – neben – Neffen – nennen – oho – Pep – Pop – Radar – rar – Reittier – Reliefpfeiler – Renner – Rentner – Rotor – stets – Tat – Testset – tot – tut! – Uhu

[Liegen bei Bohlen immer oben (6)

Rückwärts mit anderem Sinn als vorwärts:
   Adel – Agnat – alle – Amok – Amor – Ave – Bart –
   Dekan – Eber – eher – Emma – Eros – Esel – Gras –
   Gurt – Imam – Lager – Leben – Mais – mies – Mode –
   Neger – Niet – o.k. – Pils – Raps – Rede – rege – Reiz –
   Remus – Rot – Sire – Trebe – Zeus

Vom längsten deutschen Palindromwort *Reliefpfeiler* behauptete Arthur Schopenhauer, er habe es als Palindrom entlarvt. Den noch längeren *Dienstmannamtsneid* nehmen wir nur palindromhalber ernst. Das zweitlängste echte Palindromwort ist *Malajalam* (eine Sprache in Indien). Das *Reittier* steht im Wörterbuch. Das längste allgemein verwendete Palindrom ist *Rentner*.
Den *Dekan* muss man von hinten englisch lesen, um Einblicke unter den Talar zu gewinnen. Der *Imam*, stets ein Rauschebart, offenbart rückwärts gelesen ungeahnte Eigenschaften.

Als längstes englisches Palindromwort gilt *Kinnikinnik* – ein Kraut, das die Algonkin-Indianer in der Friedenspfeife schmauchten. Die Bäckerei in dem kalifornischen Ort Yreka erlangte als *Yreka-Bakery* Kultstatus.
Ressasser (»wiederkäuen«) ist der französische Thronanwärter. Als Weltrekord wird das finnische Wort *Saippuakivikauppias* gehandelt (»Specksteinhändler«). Kein finnisches Wörterbuch kennt ihn. Übertroffen wird er noch von dem schwedischen Elaborat *Portugalrallarlagutrop* (Portugalfahrerkampfruf) mit 22 Buchstaben.
→ Anagramme

Gleise]

PALINDROME 2: Madam, I'm Adam!
Was ist der einzige beiläufige Palindrom-Satz?

Arthur Schopenhauer (1788-1860), der mit dem Reliefpfeiler (siehe oben), soll auch den ersten klassischen Palindrom-Satz gefunden haben: »Ein Neger mit Gazelle zagt im Regen nie.«
Dabei blieb es bis Otto Prombers Buch »Allerlei Kurzweil« (1915): »Bei Liese sei lieb« und »Na, lege Ella nun alle Egel an« kamen nun hinzu. Otto Opitz fand: »Ida war im Atlas, Abdul lud Basalt am Irawadi.« Hedwig Buschmann verriet uns: »Leg in eine so helle Hose nie'n Igel!« Und Hans Reimann überlieferte uns noch folgende Palindromsätze, veröffentlicht 1931:

> Eine treue Familie bei Lima feuerte nie.
> Der Flame niest belebt seinem Alfred.
> Eiserne Beile bei Nappa nie belieben Resie.
> Nie lege sieben Alpknaben neben 'ne Bankplane bei Segelein.
> Ella rüffelte Detlef für alle.

Das war also der Stand von 1931. Aus Reimanns Büchlein ist nur noch die »treue Familie bei Lima« populär. Der Rest ist zu Recht vergessen. Hans Weis kennt in seinen Sprachspielereien von 1941 schon eine ganze Reihe weiterer Palindromsätze (»Liese tu Gutes, eil!«), die großteils noch heute bekannt sind. Nach dem Krieg ist die Zahl der Palindrome explodiert.

Ein paar Palindromsätze:
> Einer Hetäre gerät Ehre nie
> Erika feuert nur untreue Fakire.

[Ließ Paris blind ins Verderben rennen (5)

Euere Idee: Die Reue
Leben Sie mit im Eisnebel!
Leo, spar Rapsoel!
Nur du, Gudrun!
Ob Marx, Ajax, Rambo ...
Risotto, Sir?
Eine Hure ruhe nie!
Einhorn roh? Nie!
Trug Tim eine so helle Hose nie mit Gurt?

Englische Exemplare sind:
Madam, I'm Adam!
Was it a cat I saw?
I'm runnin' – Nurmi!
A man, a plan, a canal – Panama!

»Was it a cat I saw?« ist der einzige Palindromsatz, den ich kenne, der wie eine beiläufige Bemerkung klingt und nicht so konstruiert wie die Kollegen.
Der letzte Spruch zu Panama passt eigentlich perfekt auf Ferdinand de Lesseps und seinen Suezkanal, weniger auf den Panamakanal. Dafür ist *Suez* ein Palindromwort und *Panama* nicht.

PANGRAMM: Schwyzer Käse
Welcher Satz enthält alle Buchstaben?

Ein Pangramm ist ein Satz, in dem alle 26 Buchstaben des Alphabets vorkommen. Im Deutschen kann man auch einen Satz mit 30 Buchstaben bilden, wenn wir ä, ö, ü und ß mitrechnen. Einen langen Satz mit allen Buchstaben zu bilden ist

---

Homer (blinder Autor der Ilias)]

kein Problem. Daher ist es das Ziel, einen möglichst kurzen Satz zu bilden. Unter der Kürze leidet leider der Sinn.

52 Buchstaben insgesamt:
Franz jagt im komplett verwahrlosten Taxi quer durch Bayern.

39 Buchstaben insgesamt:
Zwölf süße Boxkämpfer jagten quer durch Vinyl.

35 Buchstaben insgesamt:
The quick brown fox jumps over the lazy dog.
(Der schnelle braune Fuchs springt über den faulen Hund.)

33 Buchstaben insgesamt:
Sylvia wagt quick den Jux bei Pforzheim.

30 Buchstaben – das optimale Pangramm, wenn auch mit Schönheitsfehler:
Fix, Schwyz, quäkt Jürgen blöd vom Paß!
Dieser Anfeuerungsruf für eine Mannschaft aus dem Kanton Schwyz enthält alle 30 Buchstaben unserer Sprache, aber die alte Rechtschreibung. (In der Schweiz wird ß ohnehin schon lange nicht mehr benutzt.)

29 Buchstaben insgesamt:
Whisky vert: Jugez cinq fox d'aplomb.
(Grüner Whisky: Bewerten Sie fünf senkrechte Fox.)
Foxy nymphs grab quick-lived waltz.
(Gerissene Nymphen grabschen schnelllebigen Walzer.)
→ Isogramm; → Leipogramm

[Looks right, looks left (3)

PARADOXON 1: Das deutscheste aller Wörter
Welches Wort kürzt sich praktisch selbst weg?

$$\frac{2x}{2}$$

Die Rechnung oben stellt einen typisch deutschen Begriff dar. x steht dabei für ein Wort, das jedes Kleinkind von 18 Monaten versteht. Die beiden Zahlen und der Bruchstrich kommen noch zu diesem Begriff hinzu, und fertig ist das ganze zusammengesetzte Wort. Es wurde als Kandidat für den Wettbewerb »Das schönste deutsche Wort« vorgeschlagen. Eine Begründung lautete: Das Wort »kürzt sich – mathematisch betrachtet – quasi weg.«

Frage: Wie lautet dieses Wort?

> **Lösung:** *Doppelhaushälfte*. Wenn x *Haus* bedeutet, dann ist 2x *Doppelhaus*. Die Hälfte davon oder 2x/2 ist die *Doppelhaushälfte*.

Vor welche Berufsbezeichnung sollte man keinen unbestimmten Artikel (ein oder eine) setzen?
Schauspieler. Müller ist *Schauspieler* (von Beruf). Müller ist *ein Schauspieler* (der Schlingel!).

PARADOXON 2: Ich will ja nichts sagen, aber ...
Welche Frage beantwortet man nie mit ja?

Paradox ist eine widersprüchliche Behauptung. Dem Komponisten Hans Pfitzner wird der schöne Satz zugeschrieben:

---

eye (englisch Auge; auch rückwärts lesbar)]

Paradox ist, »wenn ein Sopran bass erstaunt ist, dass ein Tenor alt geworden ist« – ein Wortspiel mit den Stimmlagen Bass, Tenor, Alt und Sopran. Wenn im Wirtshaus die Schweinshaxn auf den Tisch kommt, können Sie Ihre Mitesser mit dem beiläufigen Kommentar »das ist aber nichts für eingefleischte Vegetarier« verwirren. Mal sehen, ob die das Paradoxon gleich merken – manchen fällt dabei gar nichts auf, anderen die Kinnlade herunter. Ebenso paradox ist ein herrenloses Damenfahrrad – ein Einbrecher, der ausbricht – ein Ausbrecher, der einbricht – dass schwere Jungs leichte Mädchen lieben – ein aufgewecktes Kind, das ins Bett muss – ein ausgefallener Einfall – bewegliche Feste.

Manche Sätze widerlegen sich selbst: Als Kind fand ich *Stille Nacht, Heilige Nacht* eigentlich unsingbar: Denn singt man, ist die Nacht nicht mehr still, und wartet man bis zum Morgen, ist es keine heilige Nacht mehr. Ich habe dann trotzdem mitgesungen, nicht dass das Christkind sauer wird und mir die Geschenke verweigert. Hier ein paar Sätze, auf die man getrost verzichten kann:

- * Ich bin sprachlos.
- * Ich denke nicht daran.
- * Ich will gar nicht von … reden.
- * Das … will ich gar nicht erwähnen.
- * Ganz zu schweigen von …
- * Ich will ja nichts sagen, aber …
- * Was du nicht sagst!

Frage: Zu den besser ungesagten Sätzen gehört auch ein häufig zu hörender Fragesatz. Es ist vermutlich die einzige gängige Frage, die man ehrlicherweise nie mit »ja« beantworten kann, immer nur mit »nein«. Wie lautet diese Frage?

Lösung: »Schläfst du schon?«

PERFEKT: Das Fenster ist zum Meer gegangen
Welche Verben stehen nicht im Perfekt?

Das Perfekt ist die übliche Vergangenheitsform im gesprochenen Deutsch. Ausnahmen sind Hilfsverben wie »ich war«. Umso erstaunlicher, dass manche Verben zwar eine Vergangenheit bilden, aber im Perfekt nicht verwendet werden. Ein Beispiel ist *fortfahren*: »Er fuhr mit seiner Rede fort.« Ein Satz im Imperfekt. Setzen wir das ins Perfekt: »Er ist mit seiner Rede fortgefahren«. Das sagt uns, dass er mitsamt seinem dicken Redemanuskript weggefahren ist. Um auszudrücken, dass er sehr wohl hierblieb und seine Rede fortsetzte, müssen wir im Imperfekt bleiben, das Perfekt ist nicht möglich.
Welche anderen Verben werden auch im gesprochenen Deutsch nicht im Perfekt verwendet?

Verb	Imperfekt	Perfekt
angehen	das ging sie nichts an	das ist sie nichts angegangen
gehen	das Fenster ging zum Meer	das Fenster ist zum Meer gegangen
pflegen	er pflegte sie zu besuchen	er hat sie zu besuchen gepflegt
scheinen	es schien unmöglich	es hat unmöglich geschienen
heißen	das hieß sofortige Abreise	das hat sofortige Abreise geheißen

Airbag]

PHANTOMWÖRTER: Heute schon epibriert?
Welche Wörter gibt es gar nicht?

Ich habe mir einen Stempel machen lassen: »Muss dringend interpräbiert werden!« Damit verzierte ich jahrelang alle Briefe an Behörden und Ämter. Half ganz famos: Alles wurde prompt *interpräbiert*.
Der Komiker Karl Valentin beschäftigte sich als Sprachforscher mit der *Illobrasekolidation*. Auch nicht schlecht. Den Vogel aber schoss eine englische Lungenkrankheit ab: Die *Pneumonoultramicroscopicsilicovolcanoconiosis* stand über Jahrzehnte im amerikanischen Standardwörterbuch verzeichnet, »Webster's Dictionary of the English Language«. Entsprechend wurde sie als längstes englisches Wort gehandelt. Dieser Krankheitsname ist der Medizin jedoch bis heute unbekannt. Everett Smith, Präsident der amerikanischen National Puzzler's League, erschuf das Monster 1935, die *Herald Tribune* druckte es nach, und mit ein paar Tricks kam das Wort 1936 ins Standardwörterbuch. In meiner modernen Ausgabe steht es allen Ernstes immer noch drin.
Frage: Eine andere Chimäre ergriff das medizinische Standardwerk des deutschen Sprachraums, den »Pschyrembel«. Wie lautet der Name dieses Phantomwesens?

> **Lösung:** Die *Steinlaus* oder *Petrophaga Lorioti* (loriotscher Steinfresser) verbreitete sich in vielen Auflagen des Standardwerkes.

[Macht aus einsamer Gattin lustige Witwe (5)

PLATZHALTER: JWD
Welche geographischen Bezeichnungen dienen als Angabe für Provinzielles oder »irgendwo« oder einfach »weit weg«?

Ort	Lage
Böhmische Dörfer	Böhmen
Buxtehude	Niedersachsen
Dingenskirchen	irgendwo
Hinterhuglhapfing	Bayern
Hintertupfing	Bayern
Hintertupfingen	Baden-Württemberg
Kleinkleckersdorf	irgendwo
Kyritz an d. Knatter	Brandenburg
Pampa	Südamerika
Posemuckel	Polen
Walachei	Rumänien

Hintertupfingen ist der Name einer Bahnstation von Spieleisenbahn-Faller. In der Redaktion der *Süddeutschen Zeitung* kursierten scherzhaft die Namen *Sautreimering* und das real existierende *Leonhardspfunzen*.
→ Namen 3

PLURAL 1: Die gängigen Formen
Wie lauten die elf normalen Pluralformen im Deutschen?

Die Engländer kennen als einzige regelmäßige Pluralform das -s (two car*s*), von ein paar Sonderformen abgesehen, die man rasch gelernt hat, wie mouse/*mice*.
Im Französischen gibt es auch nur das Plural-s (mit ein paar

Stroh]

Sonderformen wie château/châteaux). Das Italienische kennt im Prinzip zwei Pluralformen, auf -e und auf -i.

Aber nun stellen Sie sich die Not eines Ausländers vor, der Deutsch lernt: Nicht nur muss er sich mit drei Artikeln plagen, er hat auch noch eine Vielzahl von Pluralen zu bewältigen. Wie viele gängige Pluralformen gibt es im Deutschen? Ich komme auf elf.

Frage: Finden Sie alle elf verschiedenen Pluralformen? Ich wette dagegen!

Fremdwörter und ihre Protzplurale wie *Schemata* oder *Kommata* lassen wir hier ganz außer Acht. Übrigens: Im vorstehenden Text tauchen bereits vier verschiedene Pluralformen auf (ohne die Protzplurale).

Lösung:
Die elf deutschen Pluralformen sind
1. Plural unverändert: Schlüssel/Schlüssel
2. mit Umlaut: Vater/Väter
3. mit -e: Schaf/Schafe
4. mit -e und Umlaut: Kuh/Kühe
5. mit -n: Kammer/Kammern
6. mit -en: Bett/Betten
7. mit -ten: Bau/Bauten
8. mit -er: Bild/Bilder
9. mit -er und Umlaut: Buch/Bücher
10. mit Verdoppelung und -e: Kenntnis/Kenntnisse
11. mit -s: Wrack/Wracks

Die seltenste Pluralform ist die auf *-ten*. Ein Spezialfall sind Fremdwörter mit dem deutschen Plural *-ien*: Textil/ien und Reptil/ien.

[Männer wollen's, Frauen können's (5)

PLURAL 2: Die erste Königsfrage
Welche Pluralformen deutscher Wörter kommen nur ein einziges Mal vor?

Die elf üblichen Plurale deutscher Wörter kennen wir inzwischen. Nun zu den unüblichen Pluralen. Sie können sich schon denken, dass es jetzt vertrackter wird, sehr viel vertrackter. Eine der schwierigsten Fragen dieses Büchleins, vielleicht die allerschwierigste.
Frage: Welche deutschen Wörter (also keine Fremdwörter) haben eine Pluralform, die nur ein einziges Mal auftritt? Um es gleich zu sagen: ich kenne sieben solcher Wörter, die als allgemein bekannt gelten können. Alle sieben haben eigene Pluralformen. (Dazu kommen noch drei weitere, die der Duden aufführt, die ich aber nicht als allgemein bekannt ansehe.)

Lösung: Das erste Wort ist Zeitlauf/*Zeitläufte* mit eingeschobenem t. Das zweite Wort ist Sporn/*Sporen* mit eingeschobenem e. Das dritte Wort ist Saal/*Säle* (Wegfall eines -a), das vierte Aas/*Äser,* das fünfte Kirmes/*Kirmessen*, das sechste Unbill/*Unbilden*, das siebte Kleinod/*Kleinodien*.
Weniger bekannt ist Helling/*Helligen* (Wegfall des n), ein Schiffsbauplatz. Aus Koog wird der Plural *Köge*. Das Moos ist in Bayern, Österreich und der Schweiz die Bezeichnung für Moor. So liegt der Münchner Flughafen im Erdinger Moos. Plural von Moos ist *Möser* (Wegfall eines o).
Der Plural auf -ten kommt im Prinzip nur bei Bau vor, aber auch bei den Wörtern, die auf -bau enden wie Anbauten, Einbauten usw.

---

immer]

PLURAL 3: Die zweite Königsfrage
Was ist das einzige deutsche Wort, das im Singular und Plural zwar gleich geschrieben, aber verschieden ausgesprochen wird?

Einige Wörter bekommen im Plural keine eigene Endung, wie Mädchen oder Schlüssel: das Mädchen und die Mädchen, der Schlüssel und die Schlüssel. Diese Wörter werden dann im Singular und Plural gleich ausgesprochen, klar. Oder nicht klar? Denn es gibt ein paar seltene Wörter, die in Singular und Plural zwar gleich geschrieben, aber verschieden ausgesprochen werden. Fast alle sind Fremdwörter.

Beispiel: *Das Chassis* (als letzter Buchstabe wird -i gesprochen), aber die *Chassis* (im Plural wird das letzte -s ausgesprochen). Andere Wörter nach diesem Prinzip: Avis – Logis – Relais – Remis – Grand Prix.
Einige lateinische Wörter wie z.B. Status und Koitus nehmen im Plural ein langes -*u* an: die Status.
Nun setze ich die Daumenschrauben an.
Frage: Es gibt ein Wort, ein einziges urdeutsches Wort, das im Singular und im Plural zwar gleich geschrieben wird, doch die Aussprache ändert sich. Zweijährige Kinder kennen dieses Wort. Wie lautet es?

> **Lösung:** Eigentlich schmerzt es mich ja, die Lösung einfach so wegzugeben. Mit etwas Überlegen hätte man auch draufkommen können. Nun denn, hier der Königsplural: *Das Knie, die Knie*. Möglich ist auch die Aussprache ohne das -e (»die Kni«). Üblich und vom Duden vorgesehen ist aber die Plural-Aussprache mit -e (die Knie).

[Maßnahmestelle fürs Schattendasein (10)

PLURAL 4: Ein Wort, mehrere Plurale
Welche Wörter haben drei Plurale?

Das Wort Konto stammt aus dem Italienischen. Der Plural lautete im Deutschen zunächst wie im Italienischen: cont*i*, deutsch Kont*i*. Diese Form gibt es bis heute im Deutschen. Sie wirkt aber reichlich affektiert – wir dürfen auch affig sagen. Je öfter das Wort verwendet wurde, desto leichter konnte sich zur italienischen Pluralform eine halb deutsche Pluralform gesellen: Kontos. Schließlich wurde das Wort kaum noch als Fremdwort wahrgenommen und aus Konti/Kontos wurde ein normaler deutscher Plural: Konten. Alle drei Pluralformen sind bis heute zulässig.

Mit Polenta, dem italienischen Maisbrei, schwappte keine italienische Pluralform über die Alpen: Italienische Wörter auf -a bilden den Plural normal auf -e. Der Platz für den Polenta-Plural war jedoch im Deutschen bereits amtlich besetzt.

Vor allem Fremdwörter leisten sich gern verschiedene Plurale, mal hochgestochen, mal ganz normal: Komma – Kommata/Kommas. Das *Sandwich* ist ein wahres Chamäleon: Es bildet drei verschiedene Plurale (auf -e, -s und -es), verbindet sich mit zwei Artikeln (*der* oder *das* Sandwich) und gibt sich erst mit drei Genitiv-Formen zufrieden: des Sandwich, des Sandwichs oder des Sandwiches.

Auffällig sind die Plurale bei Personenbezeichnungen, wo zum normalen Plural oft eine umgangssprachliche Form mit -s kommt: Bengels, Fräuleins, Jungs, Kerls, Kinders, Kumpels, Mädels, Mamsells, Männekens, Onkels.

Frage: Welche Wörter haben sogar drei Plurale? Beispiel: Konten, Kontos, Konti. Weiter unten finden Sie die Liste der Wörter mit drei Pluralen.

Biergarten]

Zwei Plurale für dasselbe Wort:

Admirale, Admiräle	Halte, Halts
Armbruste, Armbrüste	Kondome, Kondoms
Atlasse, Atlanten	Läden, Laden
Ballone, Ballons	Länder, Lande
Blöcke, Blocks	Mägen, Magen
Bogen, Bögen	Motoren, Motore
Bösewichte, -wichter	Punsche, Pünsche
Denkmale, Denkmäler	Rosse, Rösser
Dinge, Dinger	Säue, Sauen
Drehs, Drehe	Scheusale, Scheusäler
Gele, Gels	Skis, Ski
Generale, Generäle	Sprosse, Sprossen
Geparde, Geparden	Teelichte, -lichter
Geschmäcke, Geschmäcker	Wagen, Wägen
Gurte, Gurten	Wracks, Wracke
Hähne, Hahnen	Zappelphilippe, -philipps

Eine Liste mit 200 weiteren Wörtern finden Sie unter www.eichborn.de/cus.

Drei Plurale für dasselbe Wort

Wenn Sie die drei rechten Spalten zudecken, können Sie versuchen, die Pluralformen selbst herauszufinden.

Etikett:	Etikette	Etiketten	Etiketts
Junge:	Jungen	Jungs	Jungens
Klima:	Klimas	Klimata	Klimate
Konto:	Konten	Kontos	Konti
Mann:	Männer	Mann	Mannen
Pizza:	Pizzen	Pizzas	Pizze
Phallus:	Phallen	Phallusse	Phalli

[Meister Lampe höchstpersönlich (6)

Saldo:	Salden	Saldos	Saldi
Sandwich:	Sandwiche	Sandwichs	Sandwiches
Schema:	Schemas	Schemen	Schemata
Skript:	Skripten	Skripte	Skripts

Das Englische hat sogar ein Wort mit vier Pluralen: *Rhinoceros* (two rhinoceroses oder two rhinoceros oder two rhinoceri oder two rhinocerotes).
Weitere Wörter mit drei Pluralen finden Sie unter www.eichborn.de/cus.

PLURAL 5: Verschiedene Plurale je nach Wortbedeutung
Welche Wörter unterscheiden sich nur im Plural?

Aus einem Wort wie *Bank* werden zwei, wenn wir uns den Plural ansehen: *Bänke* stehen im Park und *Banken* im Geschäftsviertel. Genauso geht es bei *Mutter*: *Mütter* und *Muttern* (Schraubenmuttern). Hier sind weitere Beispiele:

Acht – Aktiv – Appendix – Ausdruck – Back – Balg – Bank – Bankett – Bar – Bauer – Bock – Dienstmann – Druck – Fall – Gehalt – Geist – Gesicht – Glas – Gläubiger – Gros – Hals – Handel – Kaffer – Kluft – Leu – Lift – Lot – Mangel – Mark – Memorial – Mutter – Ohm – Ort – Pasta – Pipe – Promotion – Quart – Rand – Reff – Regal – Reunion – Rock – Scheck – Schock – Spross – Star – Steuer – Strauß – Tau – Treff – Tumba – Twist – Überdruck – Wall – Watt – Wehr – Wort – Zins

Edison]

Frage: Welche Wörter haben im Plural sogar drei verschiedene Bedeutungen und damit auch drei verschiedene Plurale?

Lösung:

Korn: Körner (Getreide), Korne (Visier), Korn (Branntwein)

Puff: Puffs (Bordell), Puffe (Bausch), Püffe (Stoß)

Stock: Stöcke (Stab), Stock (Stockwerk),
Stocks (engl. Vorrat – steht im Duden)

PLURAL 6: (K)eine Pflanze gibt's nur einmal
Welche überaus bekannte Pflanze hat keinen Plural?

Gesucht ist eine normale Pflanze, die nun wirklich jedes Kind kennt. Sie ist keineswegs einmalig, und sie hat dennoch keinen Plural. Im Duden muss man schon sehr genau hinschauen, um festzustellen, dass dort kein Plural genannt ist. Erst das große Duden-Universalwörterbuch verrät uns explizit, dass es dazu wirklich keinen Plural gibt. Der Wahrig sagt, dass dieser Name nur im Singular existiert. Der große Wahrig meint, der Plural werde nur scherzhaft gebraucht. Mysteriös. Und doch irgendwie logisch – wenn man die Lösung weiß.

Frage: Wie heißt diese so mysteriös scheinende, aber allgemein bekannte Pflanze?

Lösung: Löwenzahn. Der Plural *Löwenzähne* klänge auch wirklich zu dämlich.

[Meldet bordnungsgemäß an (4)

PLURALIATANTUM: Meine schönste Flitterwoche
Welche Wörter treten nur im Plural auf?

Mit dem Wortmonstrum *Pluraliumtantum* (im Plural: Pluraliatantum) bezeichnen die Gelehrten Wörter wie Flitterwochen – die gibt es nicht in der Einzahl. Schade eigentlich. Ferien und Kosten sind andere Beispiele.
Frage: Welche Wörter gibt es nicht im Singular? Hier einige Beispiele:

Aktiva – Alimente – Allüren – Alpen – Balearen – Blattern – Diäten – Eingeweide – Einkünfte – Eltern – Ferien – Fisimatenten – Flitterwochen – Honneurs – Kanaren – Konsorten – Kosten – Koteletten – Ländereien – Leute – Makkaroni – Masern – Memoiren – Moneten – Mores – Nehmerqualitäten – Niederlande – Passiva – Personalien – Pocken – Pretiosen – Rauchwaren – Shorts – Spaghetti – Spesen – Spikes – Spirituosen – Streitigkeiten – Strickwaren – Unkosten – Vereinigte Staaten – Wirren

Dagegen haben *Singulariatantum* keinen Plural:
All – Fleiß – Glück – Gold – Milch – Nahrung – Obst – Polizei – Regen – Stolz – Vieh

PRÄPOSITIONEN: Vier Fälle für ein Falleluja
Welches Wort kann alle vier Fälle nach sich ziehen?

Präpositionen verlangen in der Regel einen bestimmten Fall: *mit* verlangt den Dativ (mit dem Kind), *für* den Akkusativ (für das Kind), *wegen* den Genitiv (wegen des Kindes). Die

ahoi]

meisten Präpositionen ziehen den Genitiv nach sich, doch sind viele davon selten oder Papierdeutsch wie *behufs, eingedenk, vermittels, unbeschadet, ob, zeit, zwecks*. Bei *wegen* lauert schon die erste Schwierigkeit: In der Umgangssprache sagt man meist wegen *dem* Kind, also Dativ.

Wegen wird also in der Hochsprache mit Genitiv benutzt und in der Umgangssprache mit Dativ? So ungefähr schon, aber im Einzelfall ist die Sache vertrackt: Wegen Umbau geschlossen (Dativ) versus wegen Umbaus geschlossen (Genitiv). Also doch besser der Dativ? Noch komplizierter der Plural: Wegen zahlreicher Blitzeinschläge (Genitiv), dagegen aber: wegen Blitzeinschlägen (Dativ). Lerne das mal ein Ausländer!

Andere Präpositionen, die den Genitiv oder den Dativ nach sich ziehen: *statt, trotz, während* (statt/trotz/während des Urlaubs und statt/trotz/während dem Urlaub).

Gibt es ein Wort, das je nachdem sogar die drei Fälle Genitiv, Dativ oder Akkusativ verlangt und zwar in der Hochsprache? Ja: *entlang*. Entlang *des* Bachs = Genitiv. Entlang *dem* Bach = Dativ. *Den* Bach entlang = Akkusativ. Das klingt ungewöhnlich, aber so bestimmt es der Grammatik-Duden. Wären Sie da draufgekommen? Wegen der verflixten Nachstellung von entlang, die nur dann den Akkusativ verlangt, denke ich mal: Nein, das hätten Sie vermutlich nicht erraten. Drum setze ich noch einen drauf, womit wir bei der **Frage** sind: Gibt es eine Präposition, die alle vier Fälle nach sich ziehen kann, also Nominativ, Genitiv, Dativ oder Akkusativ (wieder gilt nur die Hochsprache)? Gibt es. Es gibt sogar zwei Wörter – ein Gegensatzpaar wie etwa über/unter. Wie lautet dieses Wortpaar?

Lösung: *plus* und *minus*. Vielleicht ist die Zuordnung der Fälle deshalb schwierig, weil es sich um Fremdwörter handelt. Wer's nicht glaubt, schlage im Grammatik-Duden nach: Plus eines Hundes – Genitiv. Plus einem Hund – Dativ. Plus einen Hund – Akkusativ. Und der Nominativ? Die ganze Familie plus der Hund verreisten.

PSEUDO-FREMDWÖRTER: Leckomio!
Welche Pseudo-Fremdwörter sind erkennbar deutsch?

Englische Pseudo-Fremdwörter wie *Handy* tun oft so, als ob sie normales Englisch wären. Ganz anders verhält es sich da mit den Wörtern, die zwar italienisch klingen sollen, aber erkennbar nicht italienisch sind: *leckomio, futschikato, null Problemo, Palazzo Prozzo* (für den Palast der Republik in Berlin), *Monte Scherbellino* (für Trümmerberg), *Monte Schlacko* (für Kokshalde) – klassische Scherzbildungen also. Offenbar deutsche Erfindungen sind auch *paletti* und *picobello*. Einen Bezug zum Italienischen weist *capito* auf, eine Re-Italienisierung von kapieren (italienisch capire; ho capito = ich habe verstanden). *Der große Zampano* dagegen ist eine Figur aus dem Fellini-Film »La Strada«. Pseudolatein ist *Lappalie* – von Lappen.
Zum *Friseur* gehen die Franzosen nicht, das Wort klingt aber echt, ebenso wie die deutschen Wortbildungen *Blamage, Raffinesse, Frotté, Bankrotteur*. Erkennbar falsches Französisch ist *Schmierage* und *Stellage*.
Frage: Welche umgangssprachlichen Wörter sollen eigentlich polnisch klingen?

> **Lösung:** *Radikalinski* und *tschüssikowski*. Und *Bild* machte während der WM 2006 auch Jürgen Klinsmann zum Polen: »Klinski, putz die Polski!«

Q: James Bonds Waffenmeister
Wie hieß Q in »Goldfinger«?

Schon öfter gesehen, aber nie hingehört? Hier geht es um James Bonds legendären Waffenmeister, den schrulligen Q. Heute haben wir uns an den seltsamen Buchstaben Q in seiner englischen Aussprache *kju* gewöhnt. Beispiele: die Zeitschrift *GQ* oder das unsägliche *BenQ*. Die *Q-tips* durften wir noch *Kuh-Tipps* aussprechen.

Wie wurde der Waffenmeister in der deutschen Synchronisation ausgesprochen, als der 007-Klassiker »Goldfinger« mit Sean Connery und Gert Fröbe im Jahr 1964 herauskam: *Kju* oder *Kuh* oder wie?

> **Lösung:** Q hieß damals auf Deutsch *K*, Aussprache Ka. Weder »Kuh« noch das affige und damals unvertraute »kju« wollte man unseren Ohren zumuten. Also einfach einen anderen Buchstaben hergenommen. Bravo!

Sie kennen Namen wie Erika Mustermann. Welchen genialen Namen fand der ADAC für seine Muster-Camperin?

Cara van Kampen – da ist alles drin: Cara-van, offenbar holländische Herkunft (van), und Kampen/Campen *(Quelle: ADAC Campingführer).*

[**Möchtedings ist Dingsegroß (4)**

REBUS 1: Der Wortschatz
Welcher Beamte ist verrückt?

Eine Postkarte aus dem Jahr 1902 wurde berühmt: Ännchen Schumacher, die bekannte Lindenwirtin aus Bad Godesberg bei Bonn, erhielt damals eine Postkarte aus Kiautschou in China von dort stationierten deutschen Offizieren. Als Adresse genügte:

n
Deutschland

Ein findiger Postbote übersetzte das kleine n mit *n-chen*. Das klingt genau wie der Name *Ännchen*. Und mit Ännchen konnte damals in Deutschland offenbar nur die Lindenwirtin gemeint sein. Das war ein Buchstabenrätsel, ein Rebus. Zur Einstimmung hier die Buchstaben, die wie ein Wort klingen:

c	Zeh
h	ha
q	Kuh
t	Tee
w	weh

Viele der normalen Buchstaben-Rebusse, die also ohne Bilder auskommen, sehen auf den ersten Blick unlösbar aus. Kennt man aber ein paar Grundregeln, ist es gar nicht schwer. Meistens jedenfalls. Üblicherweise geht es um die Stellung der Buchstaben zueinander. GG = G an G, da die beiden G »aneinander« stehen.

---

gern]

Man muss dabei noch beachten, dass die Buchstaben manchmal für eine ganze Aussprachesilbe stehen. B kann also einfach nur B bedeuten oder auch Be (wie in A-Be-Ce-De). G steht im zweiten Beispiel für den Laut Ge. Los geht's:

GG	=	G an G	=	Gang
GG		zwei Ge		Zweige
KL		K am eL		Kamel
oD		klein-o D		Kleinod
SN		eS eN		Essen
WC		W an Ce		Wanze
WC		C an We		Zahnweh
Wc		We am ce		großes Weh am kleinen Zeh
TT		T an Te		Tante
Tt		Groß T an te		Großtante
<u>BROT</u>		Brot auf Strich		Brotaufstrich
N L		vor eL eN		Forellen
STDST		ST an D eS am T		Standesamt
DU f		du ef-chen		Du Äffchen!
FArLL		ein klein r zwischen FALL		ein kleiner Zwischenfall
Ⓚ		K in O		Kino
KT		K an Te		Kante

[Model ja, Mädel nein (6)

Eₖₜ	K an T in E	Kantine
DₑR	In D I an eR	Indianer
iiiiii	sechs i	sexy
eeeeeeeeeee	elf e	Elfe
st st st	drei st	dreist
nc nc nc nc	vier en-ze	Firenze
eeeeeeee e eee ee	acht-e ein-e	achte eine
	drei-e ehe	treue Ehe
BT	Be am Te	Beamte
BTB	zwei Be am Te	zwei Beamte
(BTB)T	zwei B am Te im Kreis am T	zwei Beamte im Kreisamt
(BT*B*)T	zwei Be am Te im Kreis am T	zwei Beamte im Kreisamt, einer davon ist verrückt

Adonis]

Den Gipfel des Blödsinns stellt die folgende simple Kinderzeichnung dar:

Na, welche bekannte Redewendung stellt die Zeichnung dar? Hum, keine Rose, klar. Und jedenfalls keine Dornen, kurz: *Keine Rose ohne Dornen.* Logisch.

ung ung ung ung
~~frisch~~
ung ung ung ung

Acht ung, frisch gestrichen!

König Friedrich dem Großen von Preußen und Voltaire wird der folgende Schriftwechsel nachgesagt. Friedrich lädt Voltaire in sein Schloss Sanssouci ein:

p   ci
à
venez   100

venez sous p à cent sous ci = *venez souper à Sanssouci* (Kommen Sie zum Souper nach Sanssouci).

[**Mutterrolle ist rückwärts Machoschreck (4)**

Voltaires Antwort war noch geistreicher:

G a

Das große G und das kleine a oder auf französisch G grand und a petit werden ausgesprochen wie *j'ai grand appetit* (»ich habe großen Appetit«).

REBUS 2: Des Pudels Kern
Welche Redewendungen sind hier dargestellt?

Wenn Sie den ersten Eintrag zum Rebus gelesen haben, dürften die hier umschriebenen Redewendungen kein allzu großes Problem mehr darstellen. Beispiel: Aus PUDASDEL oder PU-das-DEL wird das Verslein: Das ist des Pudels Kern.
Das erste Wort freilich hat es in sich.
Frage: Was bedeutet EDER?

1. EDER
2. Korichtipf
3. SSEIPS
4. PUDASDEL
5. N KOP
6. REBREIDEN
7. Kreistehende
8. sich es haben
9. SAKOPFND

Amme]

10. K LA PP E
11. ENTFERNNICHTTESTEN
12. noch weder
13. HINREDO
14. ~~RECHNUNG~~
15. NNNN
    ALLEN
16. Sterstehennen
17. o,
18. schoben ≠ hoben
       g   g
19. Bejemandemtt
20. Einfortem

Lösung: 1 Redewendung (REDE gewendet, also von hinten gelesen; außerdem auch: Der Hintere) 2 Nicht ganz richtig im Kopf (richti = nicht ganz richtig) 3 Den Spiess umdrehen 4 Das ist des Pudels Kern 5 Einen Kopf kürzer machen 6 Um den Brei herum reden 7 In der Kreide stehen 8 Es in sich haben 9 Den Kopf in den Sand stecken 10 Die Klappe aufreißen 11 Nicht im entferntesten 12 Weder hinten noch vorn 13 Hin oder her 14 Einen Strich durch die Rechnung machen 15 Auf allen Vier-eN 16 In den Sternen stehen 17 null Komma nichts 18 Aufgeschoben ist nicht aufgehoben 19 Mit jemandem das Bett teilen 20 In einem fort

REBUS 3: Sogar im Duden
Welche Rebusse haben sich in den Duden eingeschlichen?

Ich kenne zwei Begriffe im Rechtschreib-Duden, die dem Rebus zumindest sehr nahe kommen: Zahlen werden mit Buch-

---

[Nevada um Granada, auch ein Fordbewegungsmittel (6)

staben vermengt. Beispiel: Kla4 = Klavier. Das steht natürlich nicht im Duden. Dafür ein recht alter Begriff und ein ziemlich neuer. Beide stammen ursprünglich aus anderen Sprachen – aber nicht derselben. Und beides sind durchaus bekannte Abkürzungen. Fragt sich nur, ob Sie die beiden Begriffe auch finden.
Frage: Wie lauten die beiden Begriffe?

> **Lösung:** Der neuere Begriff ist das englische *B2B* (B two B oder B to B, Business to Business – irgendein wichtiger Ausdruck aus der Business-Sprache). Sie finden das Stichwort im Duden gleich nach »*bzw.*« Der ältere Begriff ist auch der schwierigere: Unter dem Eintrag *prima* steht die zugehörige Abkürzung: *Ia* (Eins a – von italienisch *la prima*, die 1.). Die *Ia* Erdbeeren auf dem Markt sind also nichts anderes als prima Erdbeeren.

RECHTSCHREIBUNG 1: das und dass
Wann schreibt man das und wann dass?

Die auffälligste Änderung durch die neue Rechtschreibung betrifft das, dass das *daß dass* geschrieben wird. Die meisten Leute wissen so ungefähr, wann man *das* schreibt und wann *dass*. Das/s entscheiden die meisten Leute aus dem Bauch heraus, selbst viele Journalisten, die ich kenne.
Es war in der 3. Klasse Volksschule, als uns die Lehrerin fragte, wann man *das* schriebe und wann (damals) *daß*. Keiner wusste Rat. Da meldete sich der Klassenprimus Robert L.: »Wenn man auf bairisch *des* sagen kann, dann schreibt man *das* mit einem s.« Die Bemerkung war zwar wieder mal etwas altklug, aber die Eselsbrücke gefiel uns. Und das/s so einer wie der ein bairisches Wort in den Mund nahm, prägte sich mir so

ein, das/s ich seine Regel bis heute beherzige. Überdies funktioniert sie in einem Großteil des süddeutschen Sprachraums zwischen Freiburg und Wien: »Des is des Auto, des dem Sepp gehört« – ins Hochdeutsche übersetzt: Wenn man *das/s* durch *dieses* oder *welches* ersetzen kann, schreibt man *das*. Also: »Das ist das Auto, das (oder welches) Josef gehört.«

RECHTSCHREIBUNG 2: Eine dämliche Weisheit
Wer nämlich wie schreibt, ist dämlich?

Wir alle kennen das Sprüchlein aus der Volksschule. Das Dudentaschenbuch »mahlen oder malen?« schreibt dazu: »Wenn man weiß, dass *nämlich* eine Ableitung von *Name* ist, das ohne h geschrieben wird, wird man *nämlich* nicht mit h schreiben.« Soso.
Frage: Wie also schreibt man das Wort *nämlich*?

    A) Mit h
    B) Ohne h
    C) Nach neuer Rechtschreibung
       anders als nach alter

Lösung: A. Der Spruch lautet: »Wer nämlich mit h schreibt, ist dämlich.« Ich meine: Wer *nämlic* ohne *h* schreibt, ist dämlic.

RECHTSCHREIBUNG 3: Marylin oder Marilyn
Welche Wörter werden öfter falsch geschrieben als richtig?

Das Diktat empfand ich immer als die niedrigste Form des Schuldaseins. Egal ob in Deutsch, Englisch oder Französisch.

[**Noch mehr eigene drei Wände (5)**

Höchste Zeit also, dass wir das nochmal üben.
Frage: Hier sind acht Begriffe, die gern falsch geschrieben werden. Welche davon sind richtig und welche falsch geschrieben?

> Marylin Monroe – Pinwand – Reflektion – Stengel – Millenium – wiederspiegeln – Imbusschlüssel – Lybien – Lapalie – Häckchen

Alle Fehler entdeckt? Gut, dann schätzen Sie bitte ein, welches dieser Wörter am häufigsten falsch geschrieben wird, welches am zweithäufigsten usw.

Als Maßstab habe ich die Wörter in der richtigen Schreibweise und in der häufigsten falschen Schreibweise durch die Internet-Suchmaschine Google gejagt und die Zahl der Treffer notiert. Dabei habe ich nur die »Seiten auf Deutsch« berücksichtigt, so dass falsche Schreibweisen in anderen Sprachen für Millenium (oder Millennium?) weitgehend ausscheiden.

> **Lösung:** Alle Wörter sind falsch geschrieben. Und hier die Ergebnisse der Google-Suche. In der letzten Spalte das Verhältnis der richtigen zur falschen Schreibweise. Die falsche Schreibweise *Pinwand* tritt häufiger auf als die richtige Schreibweise *Pinnwand*. Bei *Stängel/Stengel* ist der Unterschied so gering, dass die neue Schreibweise *Stängel* die alte vermutlich schon bei Drucklegung dieses Buchs überholt.

Platz	Richtig	Google-Hits	falsch	Google-Hits	r:f
1	Pinnwand	1 170 000	Pinwand	1 200 000	0,97
2	Stängel	1 060 000	Stengel	1 070 000	0,99
3	Millennium	1 300 000	Millenium	1 230 000	1,07

Anbau]

4	Reflexion	1 230 000	Reflektion	658 000	1,87
5	Lappalie	60 200	Lapalie	31 200	2,0
6	Inbusschlüssel	125 000	Imbusschlüssel	38 200	3,3
7	Häkchen	1 080 000	Häckchen	306 000	3,5
8	widerspiegeln	1 190 000	wiederspiegeln	3 10 000	3,8
9	Libyen	380 000	Lybien	257 000	5,4
10	Marilyn Monroe	878 000	Marylin Monroe	121 000	7,3

Die Überschrift der *Zeit*, online-Ausgabe, zum Länderbericht Libyen lautet *Lybien* (Stand: Mitte 2007).
Und mitten in Manhattan steht das *Millenium*-Hilton (na, Paris Hilton wird's nicht arg stören).

RECHTSCHREIBUNG 4: Schweizer Leckerli
Schaffen Sie einen Satz, bei dem »sind« und »ist« sich auf dasselbe Subjekt beziehen?

»Alkohol, in Maßen genossen, ist auch in größeren Mengen nicht schädlich.« Diese alte Bergsteigerweisheit würde Schweizer nur verwirren. 1906 schafften die Schweizer ihre eigene radikale Rechtschreibreform und das ß ab. Daher können Schweizer Alkohol nur noch *in Massen* genießen. Und die *Körpermasse* eines Models sind zwar aufregend, ist aber kaum der Rede wert.

> Welche krankheit hat man, wenn man der Wirklichkeit nicht mehr ins Auge sehen kann?
> Konjunktivitis (Bindehautentzündung)

[Ode für die Freunde (4)

RECHTSSPRACHE 1: Die Todesstrafe ist abgeschafft
Wie lautet der kürzeste deutsche Rechtssatz – mit nur zwei Wörtern?

Juristen sagt man einen Hang zu weitschweifigen, grässlich komplizierten Formulierungen nach. Stimmt. Aber das hinderte manche Gesetzesschöpfer nicht daran, sich in lichten Momenten einer überaus knappen und kraftvollen Sprache zu bedienen.
Das Grundgesetz der Bundesrepublik Deutschland wurde 1949 noch in nahezu unjuristischer Geschwätzlosigkeit verfertigt: »Die Todesstrafe ist abgeschafft«, bestimmt Artikel 102 lapidar. Noch schöner verfügt Artikel 31 mit biblischer Kraft: »Bundesrecht bricht Landesrecht.« Drei Wörter für einen ganzen Artikel des Grundgesetzes!
Es geht sogar noch einfacher: zwei Wörter. Nicht für einen ganzen Artikel zwar, aber doch für einen kompletten Satz im Grundgesetz, der als nahezu allgemein bekannt gelten darf. Er ist so einfach, dass man an die Grenzen des grammatikalisch Möglichen gegangen ist – im kürzesten deutschen Rechtssatz. Immer wieder mal hört man ihn. Der Satz könnte auch die Überschrift eines Parteiprogramms abgeben.
Frage: Wie lautet dieser kürzeste deutsche Rechtssatz?

Lösung: »Eigentum verpflichtet.« Artikel 14 Grundgesetz.

Erik (Erik Ode alias Der Kommissar)]

RECHTSSPRACHE 2: Mangel der Ernstlichkeit
Was ist der am schwierigsten zu verstehende Paragraph?

Das Bürgerliche Gesetzbuch, BGB, ist das Leib- und Magenbrot aller Juristen. Es ist ein hochkompliziertes, doch ursprünglich fast perfekt ausformuliertes Gesetzbuch. Der salbadernde Gesetzgeber unserer Tage fügte dann Monsterparagraphen wie den § 1587 a BGB ein, der sich in der populären Taschenbuchausgabe des Gesetzes über drei Seiten streckt.
Mit ganzen sieben Fremdwörtern kam dieses größte deutsche Gesetzbuch ursprünglich aus, wie jemand ausgerechnet hat. Man merkt die Not der Juristen: Im Gesetz selber müssen sie ohne eine international verständliche Fachsprache auskommen, wie sie jede andere Wissenschaft hat. Denn das – im Grundgesetz oft erreichte – Ideal ist natürlich nicht die Verständlichkeit für Fachleute, sondern für alle. Jeder sollte die Gesetze lesen und verstehen können. Im Prinzip jedenfalls. Deshalb der weitgehende Verzicht auf Fremdwörter. Wobei ich nicht weiß, wie die sieben Fremdwörter errechnet wurden: *Hypothek* – ein Fremdwort, klar. Aber *Reallast*? Halb Fremdwort, halb nicht? Egal, es bleibt der Versuch, ein höchst abstraktes Wunder der Geisteswissenschaft möglichst ohne Fremdwörter zu schreiben.
Zwei Juwelen aus dem Ersten Buch des BGB, garantiert ohne Fremdwörter. Zur Stellvertretung bemerkt § 164: »Tritt der Wille, in fremdem Namen zu handeln, nicht erkennbar hervor, so kommt der Mangel des Willens, im eigenen Namen zu handeln, nicht in Betracht.« Wow! Lassen Sie sich das mal auf der Zunge und vor allem im Hirn zergehen. Da schwitzen die Erstsemester und mühen sich, den Sinn zu verstehen. Knapper und komplizierter kann man nicht formulieren.

[Olle Kammelle (7)

Ähnlich aufregend, sogar mit wohl unerreichter, fünffacher Verneinung ist § 118 BGB: »Eine nicht ernstlich gemeinte Willenserklärung, die in der Erwartung abgegeben wird, der Mangel der Ernstlichkeit werde nicht verkannt werden, ist nichtig.« Noch so ein Ding. *Nicht, nicht, nichtig* sind schon drei Verneinungen. Dazu kommen zwei versteckte Verneinungen: *Mangel* (nicht Vorhandenes) und *verkannt* (nicht Erkanntes). Nun sind Sie hoffentlich gewappnet, den Paragraphen nochmal in all seiner Finesse zu genießen. Wie, Sie kapieren es immer noch nicht? Macht nichts, ich muss es auch immer elfmal lesen, bevor ich es einmal verstehe. Also: Sie gehen zum Bäcker und bestellen aus Jux und Dollerei »tausend Semmeln bitte«. Sie meinen, der Bäcker werde den Spaß schon erkennen, oder, wie die Juristen sagen, er werde den Mangel der Ernstlichkeit schon nicht verkennen. Der Bäcker aber meint es ernst und antwortet »geht in Ordnung«. Damit ist normalerweise bereits ein (mündlich geschlossener) Kaufvertrag zustande gekommen, jedoch nicht in diesem Fall, der fünffachen Verneinung wegen – Vertragsangebote aus Jux und Dollerei sind laut BGB nichtig. Versuchen Sie den Spaß aber nicht in anderen Ländern, denn da könnten Sie leicht zum besten Freund aller Enten im Park werden, mit Ihrem Riesensemmelsack.

REIM: Blume und Phantome
Welche Wörter kann man nicht reimen?

Wilhem Busch entgleist beim Reimen in »Max und Moritz«:

> Jeder weiß, was so ein Mai-
> käfer für ein Vogel sei.

Lorelei]

Immerhin hat er so den Reim hinbekommen. Oft scheitern große Dichter an den Reimen. Bekannt ist die Stelle im Faust, in der Goethe hessisch babbelt:

> Ach neige
> du Schmerzensreiche

Auf hessisch klingt der Reim wieder rein: »Ach neische, du Schmerzensreische«. Drastischer noch in Goethes Worten:

> Wie die Blüten heute dringen
> Aus den aufgeschlossenen Zweigen
> Wie die Vögel heute singen
> Aus durchsichtigen Gesträuchen

Da wollte er wohl gut hessisch Zweige/Zwoische auf Gesträuche/Gestroische reimen.
Schiller reimte auf Teufel komm raus:

> Abgepflücket hast du meine Blume,
> Hast verblasen all die Glanzphantome

So leicht war das eben nicht in einer Zeit, in der weder Rechtschreibung noch Aussprache normiert waren und ein Sprecher höchstens ein paar tausend Zuhörer erreichen konnte, nie aber die Millionen, die heute von der Aussprache der Tagesschausprecher beeinflusst werden.
Frage: Welche Wörter sind reimfest, reimen sich also auf kein anderes deutsches Wort?

Mensch zum Beispiel. Man könnte darauf Ranch erwidern, doch ist das weder ein deutsches Wort noch ganz passend: Zumindest auf englisch wird es mit deutlich hörbarem ä wie Rähnsch ausgesprochen. Oder wir halten es mit Peter Rühmkorf:

> Die schönsten Verse der Menschen (...)
> sind die Gottfried Bennschen

Auf *Film* reimt sich nur der Eigenname *Ilm*, ein Nebenfluss der Saale, aber kein normales Wort. Auf *Monat* reimen sich theoretisch Wörter wie Telefonat oder Exponat, doch werden alle Wörter mit der Endung *-onat* auf der Endsilbe -at betont, nur der Monat nicht. Also ist mit Monat kein halbwegs sauberer Reim herstellbar – es sei denn, man greift zum Englischen und nimmt den *Donut*.
Frage: Welche anderen, ganz normalen deutschen Wörter gibt es, auf die man sich keinen vernünftigen Reim machen kann?

> **Lösung:** Neben Mensch, Film und Monat bleiben ohne Reim *Silber, Mönch, Kanzel, fünf* (hundertfünf ist kein Reim zu fünf, da sich ein Wort nicht auf sich selbst reimen kann). Sicher gibt es noch mehr Wörter dieser Art. Was reimt sich noch auf nichts? Angesichts!

RÜCKLÄUFIGES WÖRTERBUCH:
Schilda, Yucca und die Königin von ...
Was ist das letzte Wort im kuriosesten aller Wörterbücher?

Ich habe ein seltsames Wörterbuch zu Hause: Es ist ein *Rückläufiges Wörterbuch*. Vermutlich hat kaum einer von Ihnen so ein Buch im Regal. Was aber ist das Rückläufige daran? Ganz einfach: Das Wörterbuch ist zwar alphabetisch geord-

---

Backe (eine Portion Po) **]**

net, aber umgekehrt als der Duden, das Lexikon oder das Telefonbuch: Zuerst kommen nicht die Wörter, die mit a anfangen, sondern zuerst kommen die Wörter, die mit a *aufhören*. Die Wörter sind also nicht von vorne nach hinten alphabetisch geordnet, sondern von hinten nach vorne, somit rückläufig. *Schilda* steht hier weit vorne, da es auf *a* endet.

Und wozu braucht man so ein ausgefallenes Wörterbuch? Es »entstand als Nebenprodukt einer anderen Aufgabe, nämlich der Speicherung von Wortschatz für die maschinelle Informationsverarbeitung«, heißt es in der Vorbemerkung des Buches, erschienen zuerst 1965 beim VEB Bibliographisches Institut Leipzig, mir vorliegend in der 4. Auflage von 1983. Heute, das muss ich zugeben, steht das DDR-Relikt verstaubt im Regal. Zu Ihren Gunsten aber ziehe ich das gute Stück noch ein letztes Mal heraus, denn es hält noch zwei **Fragen** für Sie bereit.

Beginnen wir mit dem Anfang: Können Sie sich ein Wort denken, das im Rückläufigen Wörterbuch noch vor *Schilda* steht? *Yucca* ist da schon sehr gut, denn die beiden letzten Buchstaben *ac* (von hinten gelesen) katapultieren das Wort in der Wertung vor die Buchstaben *ad* von *Schilda*. Gibt es noch was Besseres? Übrigens: Die allerersten drei Einträge sind bekannte geographische Eigennamen (wie ja auch *Schilda*).

Schwieriger, aber lohnender zu erraten ist der letzte Eintrag im Rückläufigen Wörterbuch. Das muss ein Wort sein, das auf z endet. Es handelt sich um ein sehr bekanntes Wort und da kann man wirklich draufkommen. Wie lautet es?

Lösung: Die ersten Einträge im Rückläufigen Wörterbuch lauten in dieser Reihenfolge: Saba, Elba, Kuba, Tuba, Baßtuba, Yucca, da, Armada, Kanada, Suada, Reseda, Asafötida, Liquida, Schilda, allda, Propaganda, Parteipropaganda, Schwindelpropaganda ... und so weiter und so fort mit verschiedenen Formen der Propaganda, bevor es mit Uganda weitergeht. Das erste Wort ist also Saba (die Königin von Saba – siehe Überschrift). Und die letzten Einträge? Es gibt Wörter, die auf zz enden: Der Fizz (wie in Gin-Fizz) war dem DDR-Wörterbuch unbekannt. Ein anderer Amerikanismus dagegen nicht. Die letzten Einträge, in dieser Reihenfolge: Kriegsverdienstkreuz, Papstkreuz, Kukuruz, Jazz. Aha, Jazz ist der letzte Eintrag, und danach war hier gesucht. Da konnte man doch draufkommen, oder? Sorry, da habe ich geflunkert: Denn Jazz ist eigentlich nur der vorletzte Eintrag. Der allerletzte Eintrag ist Negerjazz. Darauf aber wären Sie nicht gekommen, nicht wahr?

SATZ OHNE SUBJEKT: Mir bangt vor dieser Lösung
Welche Sätze haben kein Subjekt?

In der Schule haben wir gelernt, dass jeder Satz ein Subjekt und ein Prädikat braucht: »Die Kinder (= Subjekt) spielen (Prädikat).«
Frage: Gibt es Sätze ohne Subjekt? Antwort: Ja. Beispiele: Es regnet. Es schneit. Es wetterleuchtet. Es klingelt. Dabei gilt das Wörtchen es nicht als Subjekt. Sie meinen, *es* könnte doch Subjekt sein? Gut, ich kenne ohnehin bessere Beispiele: Aber welche? Es gibt nur ein Handvoll Möglichkeiten, und viele beschreiben eine unangenehme Empfindung. Finden Sie einen solchen Satz ohne *es*!

Lösung: Kein Subjekt haben folgende Sätze: Mich friert. Mich fröstelt. Mich hungert. Mich dürstet. Mich schwindelt. Das sind Sätze nur mit Akkusativobjekt (mich) und Prädikat (friert). Sätze mit Dativobjekt und Prädikat sind: Es graut mir. Es graust

mir. Mir schaudert. Mir schwindelt (ebenso möglich: mich schwindelt). Mir ist kalt. Mir wird übel. Mir ist langweilig. Mir ist himmelangst. Mir bangt vor Morgen.
Passivbildungen ohne Subjekt: Hier wird gearbeitet. Kräftig wurde gefuttert. Gejammert wird nicht.
Außer Konkurrenz tritt Oliver Kahn an mit »Jetzt ist gut!«

SATZZEICHEN: Hero und Leander
Welche Ausdrücke verwenden die meisten Bindestriche?

Die Sage von Hero und Leander, dem antiken Liebespaar, steht im Wörterbuch mit drei Bindestrichen. Beispiele für solche Bindestrich-Ungetüme sind:

> Frage-und-Antwort-Spiel
> Gewinn-und-Verlust-Rechnung
> Goethe-und-Schiller-Denkmal
> Hero-und-Leander-Sage
> Vitamin-B-Mangel-Krankheit

Solche Begriffe sind rar. Noch seltener sind Begriffe mit vier Bindestrichen.
Frage: Welche Begriffe mit vier Bindestrichen stehen im Wörterbuch?

> Blut-Schweiß-und-Tränen-Rede
> Feld-Wald-und-Wiesen-...
> Frühjahrs-Tag-und-Nacht-Gleiche
> In-dubio-pro-reo-Grundsatz
> In-den-Tag-hinein-Leben
> Rund-um-die-Uhr-Bewachung

[Paart Camilla mit Godzilla (4)

SCHREIBWEISE 1: dick und dicke
Welche Wörter bedeuten mit Endung etwas anderes als ohne?

Viele Wörter verlieren gern(e) ein *e*: *feig* oder *feige*, *gern* oder *gerne*. Weitere Beispiele:

bös(e) – fad(e) – gelind(e) – gerad(e) – mild(e) – mürb(e) – müd(e) – öd(e) – perfid(e) – träg(e) – trüb(e)

Auch bei Substantiven geht das so:
Bankett(e) – Expose(e) – Gelüst(e) – Geklirr(e) – Gelaber(e) – Gekreisch(e) – Gezirp(e) – Gezisch(e) – Gör(e) – Pylon(e) – Quart(e) – Quint(e) – Stirn(e) – Zeh(e).

G(e)leise und herb(e) haben das e weitgehend verloren. Manchmal wechselt mit der Schreibweise auch das Geschlecht: *ein Pylon* oder *eine Pylone*.

Frage: Einige Adjektive können eine andere Bedeutung annehmen, je nachdem, ob sie mit e am Ende geschrieben werden oder ohne. Beispiel: *dick* und *dicke* – ich hab ihn *dicke*! Welche anderen Adjektive dieser Art gibt es?

> **Lösung:** fest und *feste* (feste arbeiten); irr und *irre* (das ist irre); hell und *helle*; los und *lose* (»der Knopf ist lose« ist etwas anderes als »der Knopf ist los«). Im Sinne von *dicke* wird manchmal *dolle* verwendet (»es nicht so dolle haben«).

Andere Wörter verlieren oder gewinnen ein n: Friede(n) – Glaube(n) – Christstolle(n). Der Drache(n) ändert je nach Schreibweise die Bedeutung: Der *Drache* spuckt Feuer, der

Reim]

Drachen ist ein Kinderspielzeug. Wieder andere wechseln die Endung -en: *Fleck* und *Flecken*, *Fels* und *Felsen*, *Schreck* und *Schrecken* (teilweise mit Bedeutungsunterschied).

SCHREIBWEISE 2: Kebab oder Kebap
Welche Buchstaben kann man ohne Sinnänderung ersetzen?

Heißt es nun *Sinfonie* oder *Symphonie*, *Waidmann* oder *Weidmann*?
Frage: Welche Buchstaben lassen sich durch andere ersetzen, ohne dass sich der Sinn ändert? Unten eine keineswegs vollständige Liste – wenn Sie die jeweils rechte Spalte zudecken, können Sie versuchen, für jedes Buchstabenpaar ein entsprechendes Wort zu finden.

a/ä:	Werkstatt/Werkstätte	f/v:	Feste/Veste
a/o:	extravertiert /extrovertiert	g/k:	gucken/kucken
aff/ough:	taff/tough	i/j:	Troia/Troja
ai/ei:	Waidmann/Weidmann	i/y:	Triptik/Triptyk
äng/enk:	hängen/henken	inf/ymph:	Sinfonie/Symphonie
ä/e:	Schänke/Schenke	j/y:	Jak/Yak
b/p:	Kebab/Kebap	k/qu:	Kai/Quai
b/w:	Slibowitz/Sliwowitz	o/u:	Mythos/Mythus
c/k:	Club/Klub	on/um:	Tympan<u>on</u>/Tympan<u>um</u>
c/z:	Procedere/Prozedere		
ch/k:	Schi/Ski	s/t:	Spirans/Spirant
d/t:	doll/toll	s/z:	Funsel/Funzel
e/i:	Genetiv/Genitiv	ss/ß:	Mass/Maß
e/is:	Krise/Krisis	t/tt:	Cabriolet/Kabriolett
el/le:	sampeln/samplen	u/ü:	Grundel/Gründel
er/s:	unsereiner/unsereins	u/w:	Suaheli/Swahili

[Pfeil im Fleische des Sheriffs ohne Colt (4)

SCHREIBWEISE 3: Zwetsche, Zwetschge oder Zwetschke
Auf welche Buchstaben können wir getrost verzichten?

Heißt es nun *Zwetsche, Zwetschge* oder *Zwetschke*? Alle drei Schreibweisen sind zulässig. Je nachdem, in welcher Gegend man zu Hause ist oder ob man Fachmann ist oder nicht, wird man die eine oder andere Schreibweise verwenden.
Frage: Welche Buchstaben oder Silben kann man weglassen oder hinzufügen, ohne dass sich der Sinn ändert? Auch hier gilt: Wenn Sie unten die rechte Spalte zudecken, können Sie versuchen, für die links aufgeführten Buchstaben entsprechende Wörter zu finden.

ab:	ver(ab)säumen
an:	(an)statt, Wein(an)bau
be:	an(be)langen
ch:	Wurs(ch)t
e:	and(e)renfalls, Bankett(e), Er(e)mitage, Rally(e) Scheck(e), Scheiß(e), Schütz(e), Titan(e), vag(e), Ansied(e)lung , Vorspieg(e)lung, waag(e)recht, Wangeroog(e), Omelett(e) (→ Schreibweise 1)
ee :	Schn(ee)eifel
ein:	(ein)hundert
el:	Fitz(el)chen
en:	Fleck(en), Klump(en), Nord(en), Schreck(en), Zweibrück(en)er
er:	Senn(er), Erneuer(er), Wander(er)in, Perlmutt(er)
es:	Achill(es), Wald(es)rand
g:	Leggin(g)s, Pekin(g)ese, Zwetsch(g)e, Wag(g)on
i:	freig(i)ebig, pros(i)t, pommer(i)sch
ian:	hawai(ian)isch
ig:	Einfried(ig)ung
in:	(in)wieweit
j:	Pompe(j)i

Hood (Robin)]

k:	Zwetsch(k)e
l:	Gedränge(l), Wissenschaft(l)er
la:	trallala(la)
le:	Email(le)
n:	Funke(n), Ordon(n)anz, Tu(n)wort, Same(n), Schade(n), Schwade(n), Stake(n), Stolle(n), Watsche(n), Wille(n) Friede(n), Plato(n)
p:	hip(p)ste
r:	ano(r)mal, Großkopfe(r)te, Maltese(r), Mau(r)erei, Staufe(r)
re:	Märty(re)rin
s:	de(s)aktivieren, Federlesen(s), Pup(s), Schaden(s)ersatz, Zeug(s)
si:	tabui(si)eren
t:	Jet(t), Vin(t)schgau, Warf(t), Fas(t)nacht
ta:	Adap(ta)tion
un:	beleum(un)det
und:	hundert(und)eins, zwölf(und)einhalb
us:	Kult(us)
vi:	Konservati(vi)smus

SCRABBLE: $S_1 E_1 X_8 Y_{10}$
Was ist das Wort mit der höchsten Punktzahl beim Scrabble?

Scrabble ist das beliebteste Brettspiel mit Worten. Für das Magazin *Time* belegt Scrabble unter den 100 wichtigsten Erfindungen des 20. Jahrhunderts Platz 57 – vor Handy und Farbfernsehen. Wir beschränken uns hier auf die deutsche Version des Spiels. Mit dem »Scrabble-Sommer« der Wochenzeitung *Die Zeit* begann im Jahr 2000 die inoffizielle deutsche Scrabblemeisterschaft, die jährlich im großen Scrabblefinale mündet. Sebastian Herzog, der deutsche Mr. Scrabble, leitet die Veranstaltung. Lassen wir ihn selbst zu Wort kommen:

[Poppikone (4)

»Wenn man die Punkte aller am Tisch Sitzenden addiert, kommen da schon mal rund 1000 Punkte zusammen. Höchstes Einzelergebnis gab es für das Wort WACHSTUM über zwei rote Prämienfelder (also mit 9-facher Wertung) mit 203 Punkten, erzielt von Claudia Aumüller. Das beste Resultat eines Spielers lag bei rund 650 Punkten (ebenfalls Claudia Aumüller). In der *Zeit*-Scrabblekolumne fragte ich mal nach dem höchsten Wert, den ein einzelner Zug in einer konstruierten Spielsituation einbringen kann. Heraus kam das Wort ENZYKLOPÄDISCHE mit 27-facher Wertung, das gleichzeitig diverse Wörter in Querrichtung verlängerte. Gesamtpunktzahl: 1753 Punkte, erzielt von Friedrich Engelke.«

Soweit Sebastian Herzog. Nun zu unserem Rätsel: Jeder Scrabblespieler hat sieben Buchstaben vor sich auf dem Bänkchen. Jedem Buchstaben ist eine Zahl zugeordnet: Häufige und damit einfach zu verbauende Buchstaben wie E oder S sind nur 1 wert, seltene Buchstaben haben höhere Werte, X hat 8 und Y den Höchstwert 10. Das Wort $S_1E_1X_8Y_{10}$ bringt demnach 20 Punkte.

Frage: Das Wort mit der höchsten Punktzahl, das sich aus sieben Buchstaben bilden lässt, hat einen Wert von 34. Es steht als Stichwort im Duden und ist ein medizinisches Fachwort. Wie lautet dieses Wort?

> **Lösung:** $M_3Y_{10}X_8Ö_8D_1E_1M_3$, eine ebenso seltene wie seltsame Krankheit. Das englische Scrabble bringt es mit dem Wort *quartzy* (quarzig) auf 28.
> → Häufigste Buchstaben

Eros]

> Wie das tobleroneförmige Plastikding im Supermarkt heißt, das auf dem Fließband die Einkäufe der Kunden voneinander trennt, ist eine der populärsten Fragen in einschlägigen Internetforen. Wie aber heißt der Spickzettel an der Kasse, auf dem die Kassiererin nachschaut, was heute die Äpfel kosten?
>
> Das Plastikding heißt üblicherweise *Warentrenner* und der Spickzettel *Kassenblatt*.

SILBEN: Aus Jux und Dollerei
Welcher Werbeslogan wird immer kürzer?

Winston Churchill, 1940 in Englands schwärzester Stunde zum Premierminister berufen, schleuderte dem Unterhaus sein Credo entgegen: »Ich habe nie etwas anderes versprochen als Blut, Tränen, Mühsal und Schweiß«. Das klingt stark auf Englisch, aber irgendwie seltsam auf Deutsch. Wir haben daraus einen Satz gemacht, der für unsere Ohren besser klingt: »Ich habe nie etwas anderes versprochen als Blut, Schweiß und Tränen.« So zitierte es wörtlich der Klassiker von Büchmann (»Geflügelte Worte«), so steht es auch im Duden.

Warum klingt das besser? Weil bei *Blut, Schweiß und Tränen* das zweisilbige Wort zuletzt kommt. (Die *Mühsal* wurde der Einfachheit halber unterdrückt.)

Sprachforscher nennen es das Gesetz der steigenden Silbenzahl: In vielen Redewendungen oder Aufzählungen kommt

[Reizt, bei aller Liebe, doch mehr unsre Triebe (6)

zuerst das kürzere Wort, dann folgt das längere Wort. Beispiel: *Kurz und bündig*. Das ist keineswegs notwendig so, viele Redewendungen kommen mit der gleichen Zahl von Silben aus (durch dick und dünn, über Stock und Stein). Wenn sich die Silbenzahl aber ändert, dann steigt sie. Hier ein paar Beispiele für die steigende Silbenzahl:

auf Herz und Nieren – aus Jux und Dollerei – Dein ist das Reich und die Kraft und die Herrlichkeit – fix und fertig – gang und gäbe – gehupft wie gesprungen – Götter, Gräber und Gelehrte – in Bausch und Bogen – laut und deutlich – Leib und Leben – Max und Moritz – mit Glanz und Gloria – mit Haut und Haaren – mit Kind und Kegel – mit Pauken und Trompeten – Ross und Reiter – Schuld und Sühne – wie Kraut und Rüben
Werbeslogans halten sich gern an diese Regel: gut ... besser ... Paulaner.

Frage: Mir sind nur eine Redewendung und ein berühmter deutscher Reklamespruch bekannt, die das umgekehrte Prinzip nutzen, also immer kürzer werden: Der Reklamespruch besteht aus drei Adjektiven – das erste ist drei Silben lang, das zweite zwei, und das dritte besteht nur noch aus einer Silbe. Wie lautet dieser allgemein bekannte Slogan, und wie die bekannte Redewendung?

> **Lösung:** *Quadratisch, praktisch, gut* – der Slogan von Ritter Sport. Und die Redewendung: *Über Kimme und Korn (zielen)*.

Erotik]

SINGULAR ODER PLURAL: Die Pille und die Pillen
Welche Wörter können im Singular eine andere Bedeutung haben als im Plural?

Schwein kann man zwar öfter, aber nie im Plural haben. Denn Schweine stehen im Stall und bringen kein Glück. Der Singular Schwein hat eine spezielle Bedeutung, den Plural Schweine gibt es in der Bedeutung »Dusel« nicht.

Frage: Welche Wörter gibt es, die im Singular eine spezielle Bedeutung haben?

Angabe	Angeberei
Atmosphäre	Stimmung
Bastei	Felsen im Elbsandstein
Böse	Teufel
Creme	die oberen Zehntausend
Fraktur	alte deutsche Schrift
Grafik	ein Holzschnitt etc.
Intelligenz	die Intelligenten
Jungfrau	Sternbild
Karo	Farbe einer Spielkarte
Kondition	Körperzustand
Krach	Streit
Kredit	Zahlungsaufschub
Kritik	alle Kritiker
Lektüre	das Lesen
Medizin	Heilkunde
Passion	Leiden Christi
Pension	Ruhegehalt
Pille	Verhütungsmittel
Praxis	Erfahrung

[**Sankt Hubertusch (6)**

Presse	Zeitungen und Zeitschriften
Protokoll	Diplomatenknigge
Reserve	Zurückhaltung
Roadmap	Friedensplan
Schiss	Angst
Schliff	Benimm
Schwein	Glück
See	Sturzwelle; Meer
Takt	Hub im Motor
Tamtam	Getue
Wasserglas	Kaliumsilikat
Zensur	Streichvorgang
Zentrum	Partei im Deutschen Reich
Zirkus	Trubel

Umgekehrt haben einige Wörter im Plural eine spezielle Bedeutung, die sie im Singular nicht haben. Neuerdings bedeutet *Services* etwa Finanzdienstleistungen.
Andere Beispiele:

Extremitäten	Glieder
Flocken	Geld
Hieroglyphen	Gekrakel
Personalien	Ausweispapiere
Reparationen	Kriegsentschädigung
Schliche	Tricks
Sowjets	Einwohner der Sowjetunion
Spikes	Dornen an Schuh/Reifen
Unruhen	Aufstände

Ein Sonderfall ist *Unikum*: Als *Unika* ist es einfach der Plural von Unikum. Als *Unikums* steht das Wort für Sonderlinge.

Halali]

Im Plural immer eine andere Bedeutung als im Singular haben *Finanz* und *Finanzen*.
Jeans ist eigentlich ein Plural, wird aber wie ein Singular gebraucht. Ebenso *Konfetti* (nicht aber Spaghetti) und *Schellen* (Spielkartenfarbe).
→ Pluraliatantum

SPRACHE 1: Die deutscheste Sprache nach Deutsch
Welche andere Sprache sprechen wir so aus wie das Deutsche?

Wir mühen uns, Englisch englisch auszusprechen, Italienisch italienisch und Kisuaheli wie Kisuaheli. Nur der Staatssprache eines Landes stülpen wir grundsätzlich die deutsche Aussprache über. Welche Sprache ist das?

> **Lösung:** Latein. Die Staatssprache des Vatikan sprechen Amerikaner oder Franzosen für unsere Ohren völlig falsch aus, auf ihre Weise eben. »Sic transit gloria mundi« klingt dann für unsere Ohren komplett amerikanisch oder französisch. Oder F.J. Strauß als Verteidigungsminister: »Das wäre der casus belli – käises bellei, wie die Amerikaner sagen.« So macht man es überall. Angeblich lernt man inzwischen an einigen Schulen eine etwas klassischere Aussprache (Käsar? Kikero?). Nun klingt es noch deutscher als zuvor. Übrigens: Indonesisch und Malaiisch folgen in der Aussprache weitgehend den Regeln, die wir aus dem Deutschen kennen.

[Schneidgenosse (4)

SPRACHE 2: Mangas und Koran

Was ist die dem Deutschen nächststehende Sprache, die von rechts nach links geschrieben wird?

In den letzten Jahren wurden die Mangas, japanische Comic-Serien, bei uns ungemein populär. Ganze Regale füllen sie in den großen Buchhandlungen. Wer erstmals ein Manga in die Hand nimmt, ist irritiert: Auf der ersten Seite wird schon das Ende der Geschichte verraten! – aber halt, die Japaner lesen ja von rechts nach links. Deshalb blättern sie auch ihre Bücher »verkehrt« herum: Die erste Seite eines japanischen Buchs entspricht der letzten Seite eines unserer Bücher. Auch die Mangas in deutscher Übersetzung folgen aus irgendeinem Grunde der japanischen Richtung beim Lesen und Blättern.

Wenn Sie mal wieder eine arabische Ausgabe des Koran in Händen haben, wird Ihnen dasselbe Phänomen auffallen: Nach unserem Gefühl wird der Koran von hinten nach vorne gelesen. Das sind nun alles dem Deutschen keineswegs nahestehende Sprachen. Sie kennen vermutlich die Einteilung der Sprachen: Da gibt es die indoeuropäischen Sprachen, unterteilt in germanische, romanische, slawische und andere Sprachfamilien.

Frage: Welche lebende germanische Sprache schreibt man von rechts nach links?

> **Lösung:** Jiddisch. In Anlehnung an das Hebräische – eine semitische Sprache, dem Arabischen verwandt – wird jiddisch von rechts nach links geschrieben. Wortschatz und Grammatik stammen zum größeren Teil aus dem Deutschen, zum kleineren Teil aus den slawischen Sprachen usw. Jiddisch gilt jedenfalls allgemein als westgermanische Sprache.

Tell]

STEIGERUNG 1: Absoluter Komparativ
Mehr ist oft weniger: Welche Komparative steigern nichts?

Größer ist größer als groß, weniger ist weniger als wenig. Es gibt aber Adjektive, die im Komparativ die Grundform nicht steigern, sondern – in gewissen Fällen – vermindern. Der Vergleich bezieht sich hierbei nicht auf das Grundwort (alt – älter), sondern auf das Gegenteil (älter – jünger). Die Fachleute sprechen von einem »absoluten Komparativ«.

alt	ein älterer Herr ist nicht so alt wie ein alter Herr
jung	eine jüngere Dame ist nicht so jung wie eine junge Dame
groß	eine größere Stadt ist nicht so groß wie eine große Stadt
klein	ein kleinerer Betrag ist nicht so klein wie ein kleiner Betrag
gut	eine bessere Gegend ist nicht so gut wie eine gute Gegend
gut	wenn es dem Kranken schon besser geht, geht es ihm noch lange nicht gut
lang	eine längere Fahrt ist nicht so lang wie eine lange Fahrt
breit	eine breitere Straße ist nicht so breit wie eine breite Straße
hoch	ein höherer Einsatz ist nicht so hoch wie ein hoher Einsatz
oft	öfter kommen ist nicht so oft wie oft kommen

Übrigens kann auch ein Momentchen länger dauern als ein Moment und ein Weilchen länger als eine Weile. Das russische *minutka* dauert meist länger als ein Minütchen.

[Sexkursion (8)

STEIGERUNG 2: Als oder denn
Was ist das einzige Wort, das man noch mit »denn« vergleichen kann?

»Peter ist älter *als* Klaus«; »Petra ist größer *als* Ina«. Nach dem Komparativ schließt das Wörtchen *als* die Vergleichsgröße an. In manchen Gegenden hört man statt *als* auch *als wie* (»Peter ist älter als wie Klaus«) oder nur wie (»Petra ist größer wie Ina«).
Früher war der Anschluss mit *denn* möglich: »Peter ist älter denn Klaus«. Diese Konstruktion ist veraltet. Manchmal hört man sie noch, wenn ein doppeltes *als* vermieden werden soll: »Als Pianist war er besser *denn* als Dirigent.« Um solche Krücken geht es hier nicht.
Frage: Was ist das einzige Wort, das noch heute nicht mit *als*, sondern mit *denn* an die Vergleichsgröße angeschlossen wird? Es handelt sich dabei nicht um ein Artefakt aus einem verstaubten Winkel unseres Wortschatzes, sondern um geläufiges Deutsch.

Lösung: je. »Unsere Chancen sind größer denn je.«

STEIGERUNG 3: Komparativ mit Umlaut
Was ist das einzige zweisilbige Wort mit Umlaut im Komparativ?

Bei kurzen Adjektiven tritt zur normalen Endung -er im Komparativ oft noch ein Umlaut hinzu: arm – *ärmer*, groß – *größer*, klug – *klüger*.

Bei manchen Steigerungen ist beides möglich: schmaler oder schmäler, frommer oder frömmer, krummer oder krümmer. Alle diese Adjektive haben in ihrer Grundform nur eine

Eskapade]

Silbe. Ein einziges zweisilbiges Adjektiv bildet den Komparativ mit Umlaut. Welches Adjektiv?
Lösung: gesund – *gesünder*

STEIGERUNG 4: Superlativ ohne Grundwort

Als eine Art Superlativ lassen sich zwei alltägliche Wörter bezeichnen – ein Gegensatzpaar, ähnlich wie vorderste/hinterste. Die beiden Wörter haben weder Grundform noch Komparativ, es gibt nur den Superlativ.
Frage: Wie lauten diese beiden Wörter?

> **Lösung:** erste, letzte. Sie kam als Erste, er kam als Letzter. Oder: Sie war die Erste, er war der Letzte. Ebenso geht das mit zweite, dritte usw., aber »zweiter« kann kein Superlativ sein. Nur Goethe war gegen diese Lösung. In Faust II sagt er: »Die Letztesten hat Herkules erschlagen.« Ansonsten gibt es im Schwulstschreibstil noch *erstere* und *letztere*.

STEIGERUNG 5: Superlative ohne Komparativ
Welche sieben Wörter haben keinen Komparativ, aber einen Superlativ?

Manche Adjektive können nur einfach gesteigert werden: Bei *aktuell* mag man sich streiten – lässt sich aktuell mit *aktueller* steigern und nicht mit *»am aktuellsten«*, auch wenn der Superlativ den Werbetextern auf der Zunge brennt?
Da fällt mir der Kalauer ein: Welchem Wort kann man die Endung -er und die Endung -erst anhängen und es kommt jeweils ein neues, ganz normales Wort heraus?

[Sich mächtig was reinbilden (5)

Lösung: ob, Ober, Oberst.

Interessanter sind die wenigen Wörter, die nur einen Superlativ, aber keinen Komparativ haben.

Frage: Es gibt sieben Wörter, die keinen Komparativ haben, dafür einen Superlativ. Alle sieben sind allgemein bekannt. Wie lauten diese sieben Wörter?

Dies dürfte eine der schwierigsten Fragen dieses Büchleins sein. Auch wenn Sie auf sechs Wörter kommen, das siebte ist ein ganz anders gelagerter Fall, der etwas Augenzwinkern erfordert. Also?

Lösung: Keinen Komparativ haben obere/oberste, untere/unterste, vordere/vorderste, hintere/hinterste, innere/innerste, äußere/äußerste und, als siebtes Wort, bravo/bravissimo. Gut, etwas Augenzwinkern gehört dazu, den italienischen Superlativ bravissimo anzuerkennen: Das Grundwort bravo wird im Deutschen wie ein Zwischenruf gebraucht (bravo!), und nicht wie ein Adjektiv (»eine bravo Arie« kann man nicht sagen). Bravo ist übrigens verwandt mit unserem Wort *brav*, das früher soviel wie »tapfer« hieß. Im Englischen hat *brave* diese Bedeutung bis heute behalten; im Italienischen bedeutet *bravo* »tüchtig«. Der Ursprung liegt im Wort »Barbar« – ein langer Weg bis zu unserem brav im Sinne von artig.

STRICHE UND PÜNKTCHEN: Beijing & Ujiji
Welches Wort bietet die meisten Striche nacheinander?

Schon zwei *ii* in Folge können das Auge irritieren: *Alliierte*. Welche Wörter haben die meisten Buchstaben mit Pünktchen in Folge?

Beijing hat sich als amtliche Schreibweise für *Peking* zum

Glück nicht durchgesetzt. Nun steht *Beijing* aber im Wörterbuch und die Buchstabenkombination *iji* starrt uns mit drei Pünktchen in Folge an, wie auch die *Hawaiiinseln*. Ebenfalls drei gepunktete Buchstaben hintereinander mit sogar vier Pünktchen bieten *Schijöring* und *zweijährig*. In *Ujiji*, im heutigen Tansania, fand Stanyley 1871 Livingstone.
Wie das Wort *Alliierte* zeigt, bilden auch die Paare *ll* und *ii* nebeneinander ein Lesehindernis. Ein noch schöneres Wort ist:

MIIIIIITER

Wir haben bei der Typographie ein wenig getrickst, sodass i und l gleich aussehen (was sie in manchen Schriftarten auch tun).
Frage: Welches Wort versteckt sich dahinter?

Lösung: *Milliliter.*

TITEL OHNE WORTE: Mein Gott, Walter!
Welche Bücher haben keine Wörter im Titel?

Federico Fellini drehte den Film $8^1/_2$ – ein Filmtitel ohne Worte. Der Kubrick-Klassiker *2001. A Space Odyssey* kommt leider nicht ohne Worte aus. Das schafft aber die Fortsetzung von *2001*, der Film *2010*.
Gibt es auch Buchtitel ohne Worte? Armin Hary, der deutsche Weltrekordler über 100 Meter, brachte es überzeugend auf den Punkt: *10,0*.
Bekannter wurde Fritz Walters Buch über die Fußball-WM 1954 mit dem Titel *3:2*. Mein Gott, Walter, im Titel schon verraten, wie's ausging – wer soll da noch das Buch kaufen?

[Fand in einem Augenblick den Mann ihres Lebens (3)

Frage: Es gibt mindestens einen bekannten Roman, dessen Originaltitel keine Buchstaben oder Wörter im Titel aufweist. Wie heißt er?

Lösung: *08/15* von Hans Hellmut Kirst.
Der Roman *1984* von George Orwell heißt im Original *Nineteen-eighty-four*. Kandidat abgelehnt. Dasselbe gilt für *39,90* von Frédéric Beigbeder, dessen Originaltitel *99 Francs* lautet.

TRENNUNG 1: D-i-n-o
In welchem Wort können die meisten Einzelbuchstaben getrennt werden?

In einigen Wörtern kann man einzelne Buchstaben trennen: Ru-i-ne lässt sich zu Ru-ine oder Rui-ne trennen. Das -i- schwingt nach Belieben hin und her.
Frage: Was ist das Wort mit den meisten frei schwingenden Buchstaben hintereinander, nämlich vier?

Lösung: Ein Flugsaurier aus der Kreidezeit ist's, das *Pteranodon*, mit vier Freischwingern hintereinander: *Pte-r-a-n-o-don*. Wir trennen also nach Belieben:
Pte – ranodon
Pter – anodon
Ptera – nodon
Pteran – odon
Pterano – don

Eva]

> Welche Bäume spielen eine Rolle in einem
> berühmten Gedicht von Goethe (vertont von
> Franz Schubert)?
>
> In Goethes *Erlkönig* kommen keine Erlen vor, sondern Weiden:
> »Es scheinen die alten Weiden so grau.« Erl bedeutet nämlich
> »Elfe«, es geht also um den Elfenkönig. Im Französischen allerdings heißt das Gedicht wegen einer alten Fehlübersetzung
> tatsächlich »Roi des Aulnes« (Erlenkönig).

TRENNUNG 2: Miss Verständnis mit Angela bert
Welche Trennungen schaffen einen neuen Sinn?

In der Schule lachten wir über Sprüche wie »Erich? Ach so, vorne er, hinten ich!« Im Jura-Studium stolperte ich regelmäßig über den Erblasser – ein Er-Blassender wird eben rasch zum Erb-Lassenden.

Ein alter Witz trennt den Urinstinkt nicht in Ur-instinkt, sondern in Urin-stinkt – eine korrekte Aussage und im Prinzip auch eine korrekte Trennung. Doch wimmelt es in allen Zeitungen von falschen Trennungen, seit Redaktionssoftware den Redakteuren die Korrekturarbeit abnimmt und auch selber Trennungen vornimmt. Das Rechtschreibprogramm will *herzeigen* trennen und findet *herz-eigen* ebenso plausibel wie *her-zeigen*. Da gleichzeitig die Schlussredaktionen, die alles nochmal auf Herz und Nieren überprüft haben, gerne eingespart werden, findet oft gar kein Korrekturgang mehr statt – mit entsprechendem Ergebnis. Hier ein Potpourri aus korrekten und falschen, in jedem Falle missverständlichen Trennungen:

[Silikone (14, zwei Wörter)

Abt-	reibung	Horten-	sie
All-	einreisende	Kir-	schwein
anzug-	leichen	Kombi-	nation
Atomarsch-	welle	Kose-	kans
Autoren-	nen	Kurs-	chatten
Bar-	kasse	Mini-	ster
bein-	halten	Miss-	etat
Best-	ehen	Müller-	zeugung
Billi-	greise	Nude-	lauflauf
Brother-	stellung	oper-	abel
Chat-	eau	Patent-	ante
derb-	lecken	Po-	stille
Dudel-	ei	Punk-	trichter
Eher-	inge	ran-	gieren
Einkauf-	stempel	Sieb-	ente
erb-	leichen	Spar-	gel
erst-	unken	Talg-	rund
Erster-	steigung	Tee-	nager
Euro-	parat	Textil-	lustration
Frise-	use	topf-	it
Gaul-	eiter	Türk-	linke
Gene-	ration	Verand-	abrüstung
Grün-	dung	Vers-	tand
Hier-	archie	Vier-	tele
Hoffen-	ster	Zuck-	erguss

Weitere Fundstücke unter www.eichborn.de/cus

Pamela Anderson]

UHRZEIT: Zwanzig Uhr Fünfzehn
Wo im deutschen Sprachraum sagt man wie zur Uhrzeit?

Der Tatort beginnt um 20.15. So steht es in der Programmzeitschrift, aber kaum jemand sagt es so. Wir sagen stattdessen *Viertel nach Acht*. Oder *Viertel Neun*? Oder gar *Viertel über Acht*? Oder *Viertel ab Acht*? Alle vier Möglichkeiten kommen in unserem Sprachraum vor.

Laut der Karte, die im dtv-Sprachatlas abgedruckt ist, heißt es im Westen und Nordwesten Deutschlands, also in Hamburg, Düsseldorf und Frankfurt, *Viertel nach Acht*. Schön. Südlich und östlich davon beginnt die Region *Viertel Neun*: In Berlin, Dresden, Stuttgart und Wien sagt man es so.

Frage: Wie heißt es in München und Innsbruck: *Viertel nach Acht* oder *Viertel Neun*?

> **Lösung:** Viertel nach Acht. Seltsamerweise gibt es nicht zwei getrennte Streifen, sondern vier, die sich abwechseln: Im Nordwesten heißt es Viertel nach Acht, dann kommt ein breiter Streifen von Berlin bis fast nach Basel mit Viertel Neun, dann folgt wieder ein Streifen mit Viertel nach Acht quer durch Bayern und Tirol. Im Südosten, rund um Wien, heißt es wieder Viertel Neun. Dazwischen, in Teilen Österreichs, sowie in der Schweiz treten noch die beiden anderen genannten Bezeichnungen auf.

UMGANGSSPRACHE: Wirrwarr und Tohuwabohu
Welche Ausdrücke bezeichnen das Chaos?

Die Umgangssprache bietet einige Ausdrücke für Durcheinander oder Verwirrung: *Wirrwarr* zum Beispiel klingt schon nach Chaos – die Wiederholung des *wirr* durch *warr* macht

[Sollte man sich nicht zweimal sagen lassen (5)

das deutlich. *Pêle-mêle* ist französisch für Wirrwarr, und auch hier wandelt die zweite Hälfte des Wortes den ersten Teil nur leicht ab. Die hebräische Version ist *Tohuwabohu*.
Frage: Es gibt einige Ausdrücke der deutschen Umgangssprache, die nach diesem Prinzip gebildet sind und Wirrwarr, Aufruhr, Durcheinander bedeuten. Welche?

> **Lösung:** Hack(e)mack – Heckmeck – Kladderadatsch – Kuddelmuddel (englisch: muddle) – Menkenke – Mischmasch – Pallawatsch (Österreich) – Ramasuri (Bayern) – Remmidemmi – Rambazamba – Schnurrmurr. In diese Ecke passt auch holterdiepolter.

→ Doppelmoppel; Kindersprache

UMLAUTE 1: ä – ö – ü
Welches Wort kommt mit allen drei Umlauten daher?

Finden Sie auf Anhieb Wörter mit zwei Umlauten? So schwer ist es nicht, nur etwas Nachdenken gehört dazu:

ö-ä: Hörgerät
ü-ä: rückwärts
ü-ö: überhören

ä-ä: Souveränität
ö-ö: Schönheitskönigin
ü-ü: Frühstück

Wörter mit drei oder mehr gleichen Umlauten:
Frühstücksbüfett
Närsäkkälä (ein Ort in Finnland)

Frage: Welches normale Wort enthält alle drei Umlaute ä, ö und ü?

April]

Lösung: *tränenüberströmt*. (Spieltipp: Lässt man Plurale zu, wird es leichter, weil dann z.B. aus Wort *Wörter* wird.)

UMLAUTE 2: Ein eigener Umlaut für nur zwei Wörter
Welchen deutschen Umlaut gibt es nur zweimal?

Die Umlaute im Deutschen lauten ä, ö, und ü – und basta? Nein, so einfach lasse ich Sie nicht davonkommen. Man kann die Umlaute ja noch anders schreiben, wie ae, oe und ue. Und *y* wird meist wie *ü* gesprochen (*Typ*). In Fremdwörtern sprechen wir a als ä (Handy), eu als ö (adieu) und u als ü (perdu). So, jetzt endlich fertig? Nix da. Denn nun geht es ans Eingemachte: Ich kenne zwei deutsche Begriffe, bei denen ein Umlaut durch zwei Vokale dargestellt wird. Keiner davon ist ein e. Es sind aber wirklich nur zwei Begriffe, nicht mehr und nicht weniger. Der eine ist sehr bekannt, der andere noch ziemlich bekannt. Es sind keine Fremdwörter.
Frage: Wie lauten die beiden Begriffe?

> **Lösung:** *Duisburg* und *Juist*. Die Namen der Stadt und der Nordseeinsel werden mit langem ü ausgesprochen: Dühsburg, Jühst. Das i kennzeichnet also Umlaut und Dehnung zugleich. (Der Duisburger steht auch noch im Wörterbuch, aber das ist keine eigenständige Form.)
> Nur der Dehnung dient das norddeutsche Dehnungs-e: *Soest* wird nicht Söst und auch nicht So-est, sondern Sohst ausgesprochen. Ebenso *Itzehoe*.

→ Diphthonge

[Speisen statt röhren (4)

UNÜBERSETZBARES: Fingerhut & Zeitlupe
Welche deutsche Vorsilbe hat es ins Englische geschafft?

Jede Sprache birgt Schätze, die nicht in andere Sprachen übersetzbar sind. Kurze zusammengesetzte Wörter aus dem Deutschen wie *Weltschmerz* oder *Kindergarten* sind unsere stärksten Sprachexporte. Das können andere Sprachen nicht. Unsere Einsilber werden wir seltener los – *Wurst, Angst, Fest* immerhin haben es ins Englische geschafft.
Fernweh, so beschreibt es ein Einsender im Wettbewerb »Das schönste deutsche Wort«, *Fernweh* ist ein Wort, für das andere Sprachen einen ganzen Satz brauchen. *Mensch* – in viele Sprachen nicht übersetzbar. Sogar bürokratische Bezeichnungen können unübertrefflich kurz sein: der *Rückbau* ist das Kleinerbauen einst zu groß gebauter Straßen. Auf Englisch braucht man dafür einen ganzen Absatz. *Umwelt, Weltruf, Glücksrad, Übermut, Talfahrt, Bergnot, gemütlich* und *vorgestern* sind weitere Beispiele.
Das Deutsche ist auch unübertroffen *an-schau-lich* – allein das schon ein Wort, um das uns die Welt beneiden müsste. *Handschuh, Fingerhut, Zeitlupe* – ein Spiel mit übertragenen Bedeutungen. Ein Ausländer, der *Fingerhut* zum ersten Mal hört, kann es sich aus den Bestandteilen *Finger* und *Hut* erschließen. In keiner anderen mir bekannten Sprache klappt das.
Frage: Noch ein Einsilber, eine deutsche Vorsilbe, hat es ins Englische geschafft und wird dort in vielerlei modernen Zusammensetzungen gebraucht, und zwar in der gleichen Bedeutung wie im Deutschen. Welche Vorsilbe ist das?

> **Lösung:** *ur* wie z.B. in ur-language, urtext, Urheimat, ur-feminist, ur-Hamlet. Neuerdings dringt »über« ins Englische vor – ein *uber-mini* ist ein extra-kurzer Rock.

äsen]

UNVERSTÄNDLICHES: Nichts für ungut
Welche deutschen Wörter sind kaum verständlich?

Wenn wir Wörter nicht verstehen, handelt es sich oft um Fremdwörter. *Reversible Intoxikation* statt Rausch, das klingt stark. Ich habe die Erfahrung gemacht, dass das Fremdwort *rudimentär* (verkümmert) die meisten Leute enorm beeindruckt. Schon mal gehört, aber kaum einer weiß, was es bedeutet, und es klingt so wunderbar gebildet. Aber es gibt auch deutsche Ausdrücke, die offenbar vielen Deutschen unverständlich sind.

Frage: Welche unverständlichen deutschen Wörter kennen Sie? Hier einige Ausdrücke, die ich nicht verstehe:

   geschweige denn
   nicht von ungefähr
   nichts für ungut
   nichtsdestotrotz / nichtsdestoweniger
   übervorteilen
   unbeschadet
   und ob
   zuzüglich

→ Werbung

VERB 1: Extra nur im Imperfekt
Was ist das einzige unregelmäßige Verb, das nur im Imperfekt einen Konsonanten hinzuerfindet?

Die unregelmäßigen Verben ändern meist nur ihre Vokale im Wortstamm: singen, sang, gesungen. Eine Handvoll unregel-

---

[Steuerrechtsoase (7)

mäßiger Verben ändern auch Konsonanten: schnei*d*en, aber schni*tt*, geschni*tt*en – aus dem *d* in schneiden wird *tt* in der Vergangenheit. Sehen wir von den Hilfsverben wie ha*b*en – ha*tt*e ab, gibt es folgende Verben mit Konsonantenänderung:

> gehen – ging – gegangen
> leiden – litt – gelitten
> schneiden – schnitt – geschnitten
> sieden – sott – gesotten
> sitzen – saß – gesessen
> stehen – stand – gestanden
> tun – tat – getan
> ziehen – zog – gezogen

Nur noch in der Vergangenheit gebräuchlich ist erkiesen – erkor – erkoren.
Alle diese Verben behalten den Konsonantenwechsel in beiden Vergangenheitsformen bei. Ob man essen – aß – gegessen auch als Fall der Konsonantenänderung von ss zu ß betrachtet, ist Definitionssache, während *gegessen* die Lautveränderung des Imperfekts *aß* wieder zu *ss* rückgängig macht.
Frage: Ein Verb habe ich noch nicht erwähnt, das nur im Imperfekt einen neuen Konsonanten einfügt. Und diesmal ist der Wechsel sehr deutlich und kein Grenzfall wie essen – aß – gegessen. Welches Verb ist das?

> **Lösung:** hauen – hie*b* – gehauen.

Daneben gibt es noch die Imperfekt-Form *haute*.

VERB 2: Lügen und betrügen
Welche Vokale kommen in unregelmäßigen Verben nur einmal vor?

Es gibt rund 170 unregelmäßige oder »starke« Verben im Deutschen. (Mit allen Vorsilben wie verbringen oder überbringen usw. sind es wesentlich mehr.)
Im Deutschen werden diese Verben im Infinitiv fast alle mit e und i gebildet (heben; singen, schreiben, schieben), einige auch mit a und au (schlafen, laufen).
Mit anderen Vokalen im Wortstamm kommen nur folgende unregelmäßige Verben vor: Mit o nur *kommen* und *stoßen*.
Mit ü nur *lügen* und *(be)trügen*.
Frage: Es gibt nur ein unregelmäßiges Verb, das nur ein u im Wortstamm hat (kein au). Ein einziges anderes unregelmäßiges Verb hat ein ä im Wortstamm und wieder ein anderes nur ein ö. Wie lauten diese drei Wörter? (Es sind nur die Grundverben gemeint, also ohne Vorsilben; die Hilfsverben *können* und *mögen* zählen hier nicht mit.)

> **Lösung:** Mit u gibt es nur: *rufen*; mit ä nur: *gebären*; mit ö nur: *schwören*.

VERKLEINERUNG: Stiefmutter und Stiefmütterchen
Welche Wörter verändern verkleinert ihren Sinn?

Die normale Verkleinerungssilbe im Hochdeutschen ist *-chen*: Kindchen, Rädchen. Früher war die Verkleinerung auf *-lein* ebenso beliebt – erkennbar noch in den Märchen der Brüder Grimm und in anderen alten Ausdrücken (Geißlein, Fräulein, Entlein). Die Endung *-lein* ist, wie Sprachforscher sagen,

[La Tour de France (6)

nicht mehr produktiv, das heißt, neue Wörter werden damit praktisch nicht mehr gebildet. Im Süden des deutschen Sprachraums ist *-lein* aber nach wie vor sehr lebendig in seinen lokalen Abwandlungen wie Spatzl, Stüberl, Spätzle, Fränkli. Daneben hält es sich noch in Äuglein und bei Wörtern, die auf -ch und -che enden: Bächlein, Büchlein, Kirchlein.

Bei vielen Wörtern ergibt die Verkleinerungsform einen neuen, eigenen Sinn. Beispiele: *Köpfchen* ist nicht nur ein kleiner Kopf, sondern der Verstand, und mit *Bäuerchen* ist meist kein Kleinbauer gemeint.

Frage: Welche speziellen Bedeutungen haben die Verkleinerungsformen der folgenden Wörter?

Baum – Brot – Bursche – Faust – Flasche – Freund – Frucht – Gänsefuß – Grube – Hand – Herz – Hintertür – Horn – Knolle – Korb – Leib – Mann – Matz – Mut – Nähkasten – Nesthaken – Platz – Schatz – Schnapp – Schnur – Spruch – Stand – Stern – Stunde – Suppe – Treppe – Topf – Wetter – Wort – Zapfen – Zunge

Und welche anderen, hier nicht aufgeführten Wörter dieser Art gibt es? Die Lösung finden Sie unter www.eichborn.de/cus.

Daneben benutzen wir auch manche ausländischen Verkleinerungssilben: *Operette, Pianino, Minirock, Kalinka* (Schneeflöckchen). Im Englischen, so habe ich in der Schule gelernt, gibt es keine Verkleinerungssilbe? Doch, verkleinert wird aus *Book* ein *Booklet* und aus *Star* ein *Starlet*. Manche deutschen Wörter, die auf -chen enden, verkleinern nichts, weil es kein Grundwort (mehr) gibt. Beim *Märchen* ist das Grundwort

Eiffel]

Mär gerade noch nicht ausgestorben. Ein *Kanin* aber kennen wir nicht. Andere Beispiele (nicht immer ernstzunehmen):

biss – Dornros – Emm – Flitt – Frett – Kitt – Maskott – Mün – Schneewitt – Schnipp – Veil – Zipper(lein)

VERNEINUNG, DOPPELTE: Rien de rien
Welche Wörter verneinen sich zweimal?

Das Verb *decken* bedeutet bedecken und zudecken. *Ent*-deckt man etwas, zieht man den Schleier fort, unter dem das Geheimnis verborgen lag. *Un*-ent-deckt ist nun wieder so zugedeckt wie vorher.
Frage: Welche Wörter dieser Art gibt es?

(be)decken	entdecken	unentdeckt
(be)legen	widerlegen	unwiderleglich
rufen	widerrufen	unwiderruflich
scheiden	entscheiden	unentschieden
stehen	widerstehen	unwiderstehlich
verständlich	missverständlich	unmissverständlich

Das Thema lässt sich mit Begriffen erweitern, die zwar nicht wörtlich, aber von der Bedeutung her wieder dasselbe meinen wie das Ursprungswort. Beispiele:

wild	gezügelt	ungezügelt
neu	getragen	ungetragen
neu	benutzt	unbenutzt

→ Paradoxon

[Trieb Moses ab (3)

VOKAL / KONSONANT 1:
Lo-ko-mo-ti-ve od-er Lo-ve-pa-ra-de
In welchen Wörtern wechseln sich Vokale und Konsonanten regelmäßig ab?

Die deutsche Sprache ist bekannt für ihren Konsonantenreichtum und ihre wenigen Vokale. Im Italienischen oder Spanischen sind Vokale und Konsonanten fast gleich verteilt, im Japanischen offenbar auch. Viele der japanischen Wörter, die bis zu uns gedrungen sind, bieten einen regelmäßigen Wechsel von Konsonant und Vokal:

Harakiri – Hirohito – Ikebana – Kamikaze – Kawasaki – Kimono – Nagasaki – Norimaki – Origami – Sayonara – Sudoku – Sumo – Suzuki – Toyota – Yokohama

Wörter wie *Origami* oder *Ikebana* haben aber nicht die gleiche Anzahl von Vokalen und Konsonanten, da beide mit einem Vokal anfangen und einem Vokal aufhören. Aus dem gleichen Grund scheiden Wörter wie *Panamakanal* aus (6 Konsonanten, 5 Vokale). William Shakespeare verdanken wir den auch nicht ganz perfekten Ausdruck *ho-no-ri-fi-ca-bi-li-tu-di-na-ti-bu-s* (aus: »Verlorne Liebesmüh«).

Hier geht es nur um Wörter, die einen regelmäßigen Wechsel von Vokalen und Konsonanten bieten und dabei auf dieselbe Anzahl kommen. (Beispiel: *To-hu-wa-bo-hu* oder *Es-ot-er-ik.*). Ab einer gewissen Länge sind fast alle solchen Wörter Fremdwörter, viele davon aber sehr bekannt. Nur die *Eheberaterin* schmuggelt sich in die Phalanx der Fremdwörter. Umlaute und y gelten als Vokale.

Nil]

Versuchen Sie doch mal, ein solches Wort mit sechs Buchstaben zu finden, etwa *Safari*. Schwieriger sind acht Buchstaben: *Peperoni* oder *notabene*. Im Vorteil sind hier Kenner lateinischer oder italienischer Namen wie *Caligula, Caruso, Casanova, Catilina* oder *Cicero*. Ab zehn Buchstaben wird es richtig schwierig; eine Liste finden Sie im Anhang auf S. 249

Wörter mit regelmäßigem Vokal/Konsonant-Wechsel mit zehn Buchstaben:
Akademiker – Amerikaner – Analerotik – Eheberater – Minikamera – Politologe – Telekinese – Tohuwabohu – unilateral

Wörter mit zwölf Buchstaben:
Akademikerin – Amerikanerin – Eheberaterin – Esoterikerin – Examinatorin – Foraminifere – Negativimage – Originalität

Wörter mit 14 Buchstaben:
nicht bekannt

Wort mit 16 Buchstaben (nur ein Exemplar bekannt):
Lösung siehe unten

Der kroatische Tennisspieler und Wimbledonsieger *Goran Ivanisevic* ist der längste mir bekannte Promi, in dessen Namen sich Konsonanten und Vokale abwechseln – leider hat er insgesamt einen überzähligen Konsonanten. Der Name *United Arab Emirates* (»Vereinigte Arabische Emirate«) bietet regelmäßigen Wechsel.
Im Englischen dürfte *verisimilitude* (14 Buchstaben) am besten abschneiden.

[Misswahl bei Misswahl (7)

Frage: Was ist das längste solche Wort (das im Duden steht)? Es ist leider kein gängiges Wort.

> **Lösung:** Der längste Begriff im Wörterbuch ist *Alamodeliteratur*. Tut mir leid, aber Duden und Wahrig schreiben es nun mal als ein Wort. Den Begriff erklärt der große Wahrig als »die Literatur des 17. Jh. in Dtschld. im gekünstelten Stil der herrschenden französ. Mode«. Jetzt wissen wir's. Auch wenn wir's gar nicht wissen wollten.

→ Meiste Vokale; Meiste Konsonanten hintereinander

Welche Ausdrücke verdankt die deutsche Umgangssprache dem Wirken Karl Mays?
Bleichgesicht – ein Indianer kennt keinen Schmerz – Feuerwasser – Friedenspfeife – hugh/howgh – Kriegsbeil – Manitu – Marterpfahl – Rothaut – Squaw – Tomahawk – Wigwam.
(Laut Mitteilung von Professor Claus Roxin, viele Jahre lang Vorsitzender der Deutschen Karl-May-Gesellschaft, ist die erstmalige Verwendung im Deutschen durch Karl May allerdings nicht gesichert.)

VOKAL/KONSONANT 2: Ri-si-ko-be-re-it
In welchen Wörtern wechseln sich Vokale und Konsonanten unregelmäßig ab?

Oben ging es um Wörter mit regelmäßigem Wechsel von Vokal und Konsonant (*Lo-ko-mo-ti-ve*). Viel mehr Wörter gibt es aber, die zwar gleich viele Vokale und Konsonanten ha-

ben, aber nicht regelmäßig abwechselnd. Beispiel: An-ge-be-te-te – das Wort bildet zwar jeweils Paare aus einem Vokal und einem Konsonanten, aber es treffen zwei Konsonanten aufeinander (n-g), die regelmäßige Abfolge ist also gestört. In Zi-vi-li-sa-ti-on treffen zwei Vokale aufeinander (i-o).
Frage: Was ist das längste Wort mit unperfektem Wechsel von Vokalen und Konsonanten? Wieder können Sie sich zuerst daran versuchen, kürzere Wörter zu finden. Weitere Beispiele auf Seite 248.

12 Buchstaben haben:
  Bodylotion – Kapitulation – risikobereit – Zivilisation

14 Buchstaben haben:
  popularisieren – Rehabilitation – Totaloperation

16 Buchstaben haben:
  denaturalisieren – Leibesvisitation – remilitarisieren

18 Buchstaben hat:
  Polarisationsebene

VOKALE 1: Cointreau und die Stimmungskanone
Was ist das kürzeste Wort, das alle fünf Vokale enthält?

Wie viele Vokale gibt es im Hochdeutschen? Fünf fallen uns gleich ein: a, e, i, o, u. Daneben natürlich auch die Umlaute ä, ö, ü. Und das y, das wir meist wie ein ü aussprechen wie in Mysterium.
Für diesmal bleiben wir bei den fünf klassischen Vokalen a, e, i, o, u.

[Umständehalber abzugeben (5)

Können Sie sich ein Wort denken, das alle fünf Vokale enthält? Na, da gibt es gar nicht so wenige, nur bis einem mal eins einfällt ...

Bei einer der Gaudi-Rallyes, die ich mit Freunden in den 80er-Jahren ausgeheckt habe, lautete die Aufgabe gar: Finde ein Wort, das diese fünf Vokale in ihrer alphabetischen Reihenfolge enthält, also zuerst ein a, dann ein e, dann ein i und so weiter. Das ist nicht leicht. Doch half die Eignung des Deutschen, beliebig viele Wörter miteinander zu verbinden: *Magermilchjoghurt* war eine der besten Lösungen, *Arbeitsmontur* eine andere. Auf diese Weise lassen sich mit etwas Mühe beliebig viele Lösungen finden. Ich fürchte nur: Keine davon steht im Duden. *Magermilchjoghurt* kennt der Duden nicht, ja er kennt kein einziges Wort, das dieser Bedingung genügen würde. Jedenfalls kennt es der aktuelle Duden nicht.

Was ist das kürzeste Wort, das alle fünf Vokale (a, e, i, o, u) enthält? Die Reihenfolge der Vokale ist diesmal egal. Und das Wort muss natürlich im Duden stehen.

Die Schweizer *Weltwoche* begab sich 2004 auf die Suche nach »Krematoriumswörtern« (wie sie es nannte) und fand *Schuhsohlenfabrik* oder *Schnapsproduzentin*. Beide nicht im Duden. Nur zwei der damals gefundenen Begriffe stehen dort: *Krematorium* und *Trouvaille*. Gar nicht leicht, wenn man es selbst versuchen muss, aber wenn man mal ein, zwei gefunden hat, dann kommen gleich mehr daher: *Einkaufskorb* zwölf Buchstaben, *Souterrain* zehn. Gibt es Fünfvokalwörter mit noch weniger Buchstaben? *Cointreau*, neun Buchstaben. Steht nicht im Duden, schade. Auch nicht die *Sauforgie*, die die *Weltwoche* als kürzestes Wort brachte. Dafür findet sich im Duden die *Raubkopie*, ebenfalls neun.

Frage: Schaffen Sie ein anderes Wort mit zehn oder neun Buchstaben oder gar ein Wort mit nur acht Buchstaben? Das

Samen]

wäre eine famose Leistung! Es gibt nur eine Handvoll solcher Wörter mit acht Buchstaben.

Und dann noch die **Königsfrage:** Wie lautet das »unmögliche« Wort, das im Duden steht und das nur aus sieben Buchstaben besteht, also aus a, e, i, o, u und nur noch zwei Konsonanten dazu? Im Rätselrennen 1996 war danach gefragt. Überaus vertrackt. Das Rekordwort im Deutschen ficht die Franzosen nicht an, denn die schaffen ein Wort mit sechs Buchstaben. Nur noch ein einziger Konsonant verirrt sich in dieses Wort. Übrigens: Sie kennen das Wort, falls Sie noch einen blassen Schimmer vom ersten Jahr Schulfranzösisch haben.

Ist das nun der Weisheit letzter Schluss? Wenn ich schon so frage, natürlich nicht: Gibt es einen Begriff mit nur noch fünf Buchstaben, also ganz ohne Konsonanten? Einen Begriff gibt es, wenn auch kein Wort: *A.E.I.O.U.* steht für den Leitspruch des Hauses Habsburg und wird wahlweise übersetzt mit »*A*lles *E*rdreich *i*st *O*esterreich *u*ntertan« oder »*A*ustria *e*st *i*mperare *o*rbi *u*niverso« (Es ist Österreichs Bestimmung, die gesamte Welt zu beherrschen) oder »*A*ustria *e*rit *i*n *o*rbe *u*ltima« und dergleichen Käse mehr. Sie finden den Begriff *A.E.I.O.U.* im Lexikon.

> **Lösung:** Wörter mit allen fünf Vokalen und nur acht Buchstaben insgesamt sind zum Beispiel *Mietauto*, *Jalousie* und *Alufolie*.
> Das Königswort aber ist *Sequoia*, der kalifornische Mammutbaum, mit sieben Buchstaben. Ebenso nur sieben Buchstaben hat die praktisch unbekannte *Eunomia*, die griechische Göttin der Gesetzmäßigkeit. Erstaunlich, dass beide Rekordhalter die gleiche Vokalfolge haben: e-u-o-i-a. Mit der gleichen Folge gibt es noch *Teutonia*, acht Buchstaben. Der französische Rekordhalter ist das Wort für Vogel: *oiseau* (sechs Buchstaben). Im Italieni-

[Unbestimmter Artikel (4)

schen gibt es ebenfalls ein Wort mit sechs Buchstaben, aber nur wenn wir den Plural zulassen: *aiuole*, der Plural von aiuola (»Beet«).
Zwei Duden-Stichwörter, die aeiou in der richtigen Reihenfolge enthalten, sind *Arbeitsnormung* und *Arbeitsordnung*. Nachzulesen in »Der Große Duden«, 6. Auflage 1990 des VEB Bibliographisches Institut Leipzig – dem letzten DDR-Duden also.

VOKALE 2: Die Permutationen
Welche Wörter mit allen fünf Vokalen gibt es?

Eine Protzvokabel wie *Permutation* nehme ich normalerweise nicht in den Mund. In meiner Schafkopfrunde würde ich dafür ohnehin nur ein »der redt so gscheit daher, hau ihm eine rein« riskieren (obwohl die Mitspieler mindestens so gscheit sind wie ich, aber siebengscheit oder neunmalklug daherreden, das darf man nicht).
Permutation bedeutet Umstellung der einzelnen Bestandteile, also der Vokale, in jede denkbare Reihenfolge: AEIOU, OEAUI, UAIOE etc. Ich verwende das Wort auch nur, weil es so schön passt: Es hat jeden der fünf Vokale einmal intus.
Hier einige Wörter, die alle fünf Vokale enthalten und die besonders leicht von der Zunge gehen.

Aminosäure (6 Vokale) – Daumenkino – Einkaufskorb – Erfolgsaussicht – Eskimofrau – Favoritensturz – Genmutation – Naturforscherin – niveaulos – Notausstieg – Olivenbaum – Patrouille – Regionalzug – Sensationssucht – Sonntagszeitung – Stimmungskanone – Tagebuchnotiz – Uhrenradio – unproblematisch – Zeitungsroman – Zitronenbaum

Ding]

Frage: Finden Sie weitere Exemplare?
Wörter mit Wiederholungen eines Vokals gelten nicht, z.B. *Dinosaurier* (zwei i), *Nikolausabend* oder *Modellbauerin* (*Moldauerin* aber gilt). Plurale wie *Auktionen* zählen für diese Liste ebenfalls nicht. Wenn Sie das Wortsuchspiel mit anderen Leuten spielen, können Sie aber beide Einschränkungen fallen lassen, ebenso das Wörterbuch als Kriterium.
Alle Permutationen für die fünf Vokale a, e, i, o, u finden Sie im Anhang auf Seite 250.

VOKALE 3: etepetete und der Panamakanal
Welche Wörter haben die meisten gleichen Vokale ohne andere Vokale?

In der Überschrift haben wir schon zwei lange Wörter genannt, die einen Vokal fünfmal enthalten, aber keinen anderen, also auch kein ä, ö, ü oder y. Solche Wörter sind natürlich rar. Auch Wörter mit dreimal dem gleichen Vokal sind nicht leicht aufzustöbern, jedenfalls nicht mit i, o oder u. Es gibt sogar einen Namen im Duden, in dem achtmal nur ein bestimmter Vokal vorkommt. Er gehört einem, na, mäßig bekannten Moralapostel. Weitere Beispiele finden Sie im Anhang auf Seite 255.
Frage: Welche Wörter können Sie finden und wie lautet das längste? Fangen wir klein an:

Mit drei a: Nachbarland
Mit vier a: Casablanca
Mit fünf a: Abrakadabra

[**Unterhalten Kinder (7)**

Name mit acht a: Abraham a Santa Clara
(ein deutscher Prediger, steht im Duden)

Mit vier e: Erdbeere
Mit fünf e: etepetete
Mit sechs e: entsetzenerregend

Mit vier i: Risibisi
Mit fünf i: Minibikini (kein weiteres Exemplar bekannt)

Mit drei o: Monopol
Mit vier o: Motorboot

Mit fünf o: *nicht vorhanden* (Rokokokommode leider mit e am Schluss; Motorbootsport nicht im Wörterbuch)

Mit drei u: Durchsuchung
Mit vier u: *nicht vorhanden* (Hausdurchsuchung leider mit a)
→ Buchstaben-Mehrlinge; Leipogramm

VOKALTAUSCH: Ach Mutte!
Wer findet einen Sechser?

Wir saßen um den Wohnzimmertisch, ich war zehn, und die Familie spielte Vokaltauschen: Welche neuen Wörter ergeben sich, wenn man das a in B*a*ch gegen einen anderen Vokal tauscht? B*e*ch, B*i*ch, B*o*ch? Nein. Aber B*u*ch! Zwei Treffer also, Bach und Buch. Ich sehe noch meine Mutter mit h*a*ssen –

Alimente]

Hessen – hissen auftrumpfen, ein glatter Dreier. Mit der Zeit fanden wir viele Dreier, einige Vierer purzelten daher, die ich alle vergessen habe, und sogar ein Fünfer, wenn auch kein perfekter: A*r* – *er* – *i*hr – O*h*r – U*h*r. Die verschiedene Schreibung der fünf Wörter störte mich – *er* ohne h und *i*hr mit h, schade. Bei diesem unvollkommenen Fünfer blieb es. Jahre, Jahrzehnte.

Das Problem ließ mich nicht los, es fuchste mich immer wieder, in Gedanken ratterte ich Wörter durch. Später sekundierten Wörterbücher, denn wie oft gibt es darin Wörter, von denen man noch nie etwas gehört hat. Ich fand Vierer, nette, schöne, wundervolle wie M*a*tte – M*e*tte – M*i*tte – M*o*tte – da wollte ich nur noch »ach M*u*tte!« schreien. Half aber nichts. So kam mir der Kremlflieger wie gerufen: das 19-jährige Bleichgesicht Mathias Rust (mit »Zigarettenbürscherl!« zerriss ihn meine Schafkopfrunde in der Luft). Rust sorgte 1987 für weltweite Schlagzeilen, als er mit seinem Sportflugzeug nahe dem Roten Platz in Moskau landete. Leider währte der Ruhm nur kurz, für den Duden jedenfalls *zu* kurz, und so konnte mein Vierer R*a*st – R*e*st – R*i*st – R*o*st nicht zum Fünfer mutieren. Nun, einen Versuch war's wert.

Aber der Schauspieler Herbert Fux, er hätte mich erlösen können! F*a*x, F*e*x, f*i*x, F*o*x (wie Foxtrott) standen schon bereit. Bekannt genug war der notorische Filmbösewicht Fux doch im ganzen deutschen Sprachraum. Bedurfte die seltsame Schreibung seines Nachnamens nicht dringend der Klarstellung im Duden, ja? Wieder nichts, der Duden weigerte sich, mir einen Fünfer zu gönnen.

In Lugano war's, wo ich damals wohnte, auf dem Balkon: Das große Heureka nach langen Jahren vergeblicher Suche, ich fand den ersten perfekten Fünfer: W*a*rt – W*e*rt – W*i*rt – W*o*rt – W*u*rt. Danke, Wurt, du aufgeschütteter Hügel auf

[**Versuch, den Tod als Chance zu sehen (8)**

den Halligen der Nordsee! Einen Veitstanz vor Freude war das wohl wert. Erst auf dem einen Bein, dann auf dem anderen. Anfang des neuen Jahrtausends verschwand der Wart aus dem Duden. Lähmendes Entsetzen. Tor*wart*, Tank*wart*, Kassen*wart*, man kann doch den Wart nicht einfach abschaffen? Zumal er nicht als *veraltend* oder gar *veraltet* eingestuft war, womit der Duden normalerweise ein Wort langsam aber sicher zu Grabe geleitet. Weg, einfach weg, wie der freundliche Tankwart von früher. Mein erster und liebster Fünfer vernichtet. Naja, das Wörtchen »wart« blieb verzeichnet, mit dem Zusatz »2. Pers. Plur. Indikativ Prät. von ²sein«. Nein, ich will keine 2. Pers. Plur. Indikativ Prät. von ²irgendwas, ich will Infinitive und ungebeugte Substantive, keinen Plural, keine Vergangenheit, ich will meinen perfekten Fünfer wieder! Und siehe da, der Manitu von Mannheim hatte ein Einsehen: In der aktuellen Ausgabe ist der Wart wieder drin, als ob nichts geschehen wäre! Wunder der Duden-Auswahl.

Fangen wir mit den Dreiern an. Finden Sie einen? Das ist nicht leicht. Vierer sind aber noch rarer. Wenn wir Plurale zulassen wollen (was ich mir selbst fast nie erlauben würde), wird es einfacher. Ein schönes Beispiel mit zwei Pluralen: Rasse – Risse – Rosse – Russe.

Hier einige Lösungen (weitere finden sich im Anhang, S. 256)

Dreier:

Achse	Echse	Ochse
Asche	Esche	Ische
Band	Bond	Bund
Barke	Birke	Borke

Religion]

Besatzung   Besetzung Besitzung
Frist   Frost   Frust
Welche weiteren Dreier finden Sie? Beispiele auf S. 256.

Vierer:
aber   Eber   Ober   über
Bammel   Bimmel   Bommel   Bummel
Fax   Fex   fix   Fox
Hacke   Hecke   Hocke   Hucke
Welche weiteren Vierer finden Sie? Beispiele auf S. 257.

Mit je zwei getauschten Vokalen:
Maar   Meer   Moor
Papa   Pipi   Popo
aha   Ehe   oho   Uhu
haha   hihi   hoho   huhu

Fünfer mit Umlauten:
Ahr   ihr   Ohr   Uhr   Öhr
Halle   Helle   Holle   Hölle   Hülle
Rande   Rinde   Ronde   Runde   Rũnde
Schappe Schippe Schuppe Schöppe Schüppe
scharen scheren schoren schären schüren
stecken sticken stocken stucken stücken

Perfekte Fünfer:
Wart   Wert   Wirt   Wort   Wurt
Alm   Elm   Ilm   Olm   Ulm
Rack   Reck   Rick   Rock   Ruck (Rück)

Sechser:
wallen wällen wellen Willen wollen wöllen

[**Wo love gleich null, hat Richter steilen Stuhlgang (6)**

Sie sehen schon, beim Sechser hakt es gewaltig. Einige Wörter kennt zwar das Wörterbuch, vielleicht noch der geneigte Leser, ich aber nicht.
Frage: Es gibt einen schönen Sechser, bei dem alle sechs Wörter geläufiges, ja pralles Deutsch sind. Dazu müssen wir ausnahmsweise alle guten Vorsätze vergessen und Plurale zulassen, sonst klappt es nicht. Also: Wie lautet dieser Sechser?

> **Lösung:** Zacken, Zecken, Zicken, zocken, zucken, zücken

VORNAMEN 1: Anton, Berta, Cäsar
Mit welchem Buchstaben beginnt oder endet kein Vorname?

Vielleicht kennen Sie die Vornamen-Bücher, die werdende Eltern zur Hand nehmen, wenn sie nicht wissen, wie sie das Kind nennen sollen. Wenn man die Liste der Vornamen in den üblichen Büchern durchgeht, finden sich Vornamen, die mit *A* wie *A*ndreas beginnen, mit *B* wie *B*arbara usw.
Frage: Ob es für jeden der 26 Buchstaben des Alphabets einen Namen gibt, der mit diesem Buchstaben beginnt?
Und andersherum: Findet sich für jeden der 26 Buchstaben ein Vorname, der auf diesen Buchstaben endet, also auf a (Len*a*), auf b (Jako*b*), c usw.?

> **Lösung:** Alle Buchstaben kommen als Anfangsbuchstaben vor, auch Q wie z.B. Quirin, X wie Xaver, Y wie Yvonne. Bis auf einen kommen auch alle als Endbuchstaben vor: j in Sergej, u in Lulu, v in Gustav, x in Max, y in Andy und z in Lorenz. Nur das *q* fehlt – auf diesen Buchstaben endet kein gebräuchlicher Vorname.

→ Namen

Tennis]

VORNAMEN 2: Du mein voller Ernst!
Welche Vornamen haben zwei Bedeutungen?

Einige Frauen trifft man schon im Blumenladen: Anemone, Iris und Jasmin etwa. Männer trauen sich da seltener und nur leicht abgewandelt hinein: Narziss und Hyazinth. Welche anderen Vornamen haben noch eine zweite Bedeutung? Beispiele:

Heide – Christin – August – Ernst – Roman – Paris – Mercedes – Horst – Rose – Erika – Wolf – Ester – Baptist – Marguerite – Wilhelm – Mark – Liane – Fee – Axel – Benjamin – Dietrich – Bobby – Teddy – Hertha – Barbie – Anno

Frage: Zwei der genannten Namen stehen sogar mit jeweils zwei oder drei anderen bekannten Bedeutungen im Wörterbuch. (Eine der beiden Lösungen erfordert etwas Augenzwinkern.) Um welche Vornamen handelt es sich dabei?

Lösung: *Mark* – das Mark (Tomaten, Knochen); die Mark (D-Mark; Brandenburg). Wenn man so will, auch *Rose* – als Blume und mit Akzent als Wein (Rosé); dazu kommt die Farbe rosé. *Axel* hat, mit zwei zugedrückten Augen, auch drei Bedeutungen: Als Ersatz für Achsel. Und als der Sprung beim Doppel-Axel. Macht zusammen drei, oder? *Die Dietrich* für die Diva Marlene könnte man als nahezu stehenden Begriff neben dem Dietrich (Diebs Stahl) gelten lassen.

[Von seiner großen Liebe nur durch den Tod geschieden (6)

VORNAMEN 3: Eike und Heike
Welche Vornamen sind weiblich und männlich zugleich?

Ein schönes Paar sind *Eike* und *Heike*: Eike ist ein vorwiegend männlicher Name, aber auch weiblich. Umgekehrt steht es mit Heike, die vorwiegend, aber nicht ganz weiblich ist. Maria gilt in meiner Heimat Bayern immer noch als ein üblicher Zweitname für Männer. Im Englischen ist Douglas als zweiter Vorname von Frauen möglich. Als erster Vorname für Männer kommt Maria nicht vor. Welche Namen passen auf Männer und Frauen?

Berti (Herbert, Hubert oder Bertha) –
Conny (Cornelius oder Cornelia) –
Dominique – Eike – Friedel (Friedrich
oder Frieda) – Heike – Helge – Kai/Kay – Kirsten –
Sally – Toni (Anton oder Antonie)

VORSILBEN: fangen, fehlen, finden
Welche Vorsilbe passt nur zu diesen drei Verben?

Was haben die Verben *fangen, fehlen* und *finden* gemeinsam? Alle drei können sich mit der gleichen, na, sagen wir mal Vorsilbe verbinden. Andere Verben, die sich mit der gesuchten Vorsilbe verbinden, gibt es nicht.
Frage: Wie lautet diese mysteriöse Vorsilbe?

Lösung: *emp.* Emp-fangen, emp-fehlen, emp-finden. Das Verb *empören* wird anders getrennt: em-pören.

Egoist]

WÄHRUNGEN: Die Tausenddollarfrage
Was hat das $-Zeichen mit den Dollar zu tun?

In einem Rätsel fragte ich nach dem »zweigestrichenen C«. Dabei ging es nicht um Musiknoten und in welchen höchsten Tönen ein Koloratur-Sopran singen kann (*der* Sopran – stets eine Frau). Des Rätsels Lösung war das Euro-Zeichen: Es entspricht einem C mit zwei waagerechten Strichen: €.
Ein *Stern*-Rätsel dreht sich um ein mysteriöses Zeichen, das sich im Zeichensatz der meisten Computer befindet:
₪ Sie können erahnen, dass es sich wohl um ein Währungszeichen handeln muss, nur um welches? Das Zeichen steht für *Schekel*, die Währung Israels.
Währungen bereiten uns einige der schönsten Pluralformen, die wir im deutschen Wörterbuch finden. Ein *Eyrir*, zwei *Aurar* heißen die isländischen Cent – wem ginge da nicht das Herz auf? Ein *Leu* und zwei *Lei* aus Rumänien kennen die Löser von Kreuzworträtseln. Die finnische *Markka*, zwei *Markkaa*, verschwand gleichzeitig mit der D-Mark. Im kroatischen *Fenning* endlich klingt der mir umgangssprachlich so vertraute *Pfenning* wieder an, wie man im süddeutschen Sprachraum oft den schnöden *Pfennig* nannte (schließlich hieß es auch *Schilling* und nicht *Schillig*).
Zum Schluss unsere **Frage:** Der Duden ordnet das Euro-Zeichen € unter E ein. Warum auch nicht, steht es doch für ein Wort, das mit E beginnt. Das Dollarzeichen $ finden wir nicht unter D, sondern unter S. Wie kommt der Dollar zum Zeichen $? Das ist eine längere Geschichte, ihr aber nachzuspüren ist hochinteressant.
Da war zunächst das Silberbergwerk Joachimsthal in Böhmen. Münzen, die mit diesem Metall geprägt wurden, hießen bald *Joachimsthaler*, kurz *Taler*. Die spanischen Silber- und

[Vorne der Anfang vom Ende, hinten das Ende vom Anfang (3)

Gold*taler* waren in ganz Amerika verbreitet. Vom Taler abgeleitet ist das Wort *Dollar* (die abgewandelte Form *Tolar* wurde zur Währung Sloweniens). Soweit das Wort. Nun zum Zeichen $: Die Herkunft der ursprünglich zwei Striche im *S* ist nicht endgültig geklärt. Eine populäre Theorie führt uns in die Zeit Karls V., des Königs von Spanien und Kaisers des Heiligen Römischen Reiches. Das S allein steht für ein Goldgewicht (*peso*) aus den Schätzen, die die spanischen Konquistadoren aus Mexiko und Peru nach Spanien schickten. Die beiden senkrechten Striche sollen die Säulen des Herakles symbolisieren, also die Begrenzungen der Meerenge von Gibraltar, durch die die spanischen Galeonen von und nach Sevilla mussten. Das Zeichen $ steht bis heute für den mexikanischen *Peso*, diverse andere Währungen sowie für den früheren portugiesischen *Escudo*.

Die USA übernahmen den Namen ihrer Währung von einem böhmischen Bergwerk und als Währungssymbol ein Gewichtszeichen mit den Säulen des Herakles. Der Duden müsste, um ganz korrekt zu sein, das Zeichen $ unter P wie *Peso* (»Gewicht«) aufführen.

Mit welchen Konsonanten müssen deutsche Wörter beginnen, wenn zwei weitere Konsonanten folgen?

Nur nach S und P können am Wortanfang zwei weitere Konsonanten folgen: *Spl* (Splitter), *Spr* (Sprudel) und *Str* (Straße); *Pfl* (Pflanze), *Pfr* (Pfriem). Sogar drei Konsonanten folgen in Wörtern, die mit dem Laut *Sch* beginnen (Schlaf, Schrei). In Fremdwörtern kommen auch *Skl* (Sklave) und *Skr* (Skrupel) vor.

WERBUNG: Mit Jaguar in Georgien
Wie missverstehen wir englische Werbeslogans?

Die Parfümeriekette Douglas verwirrte ihre deutschsprachigen Kunden mit dem englischen Werbespruch »Come in and find out«. Douglas wollte damit sagen: »Komm rein und überzeuge dich selbst.« Die Kunden aber verstanden es oft anders, mehr als Drohung: »Komm rein und versuche, wieder hinauszufinden.« Ein klassischer Fauxpas also. Die Kölner Agentur Endmark untersuchte, wie Deutsche die überall auftretenden englischen Werbesprüche verstehen. Am schlechtesten schnitt Jaguar ab mit seinem Spruch: »Life by gorgeous« (Leben auf hinreißend), das mal mit »Leben in Georgien« übersetzt wurde, mal mit »Leben wie George«. Die seltene Konstruktion mit *by* und das noch seltenere Wort *gorgeous* (hinreißend, toll) verstand hierzulande fast niemand. *Gorgeous* wenigstens kannte ich, seit ich 1984 eine Weile in dem amerikanischen Universitätsstädtchen Ithaca verbracht hatte, das von steilen Schluchten (englisch »gorges«) durchschnitten wird und folglich mit einem Wortspiel für sich warb: »Ithaca is gorges« (etwa: »Ithaca ist zum Schluchten schön«). Aber Jaguars »Life by gorgeous« habe ich dennoch nicht auf Anhieb verstanden.

Weiter unten folgen einige der Werbesprüche und was darunter zu verstehen ist.

Frage: Wenn Sie unten die rechte Spalte abdecken, finden Sie jeweils eine gute »Falschübersetzung« für den englischen Slogan heraus? Oder umgekehrt: Decken Sie die beiden linken Spalten ab und versuchen Sie, aus der deutschen Übersetzung den englischen Werbespruch zu rekonstruieren. Viel Erfolg!

[Walkman (5)

Unternehmen	*Werbespruch*	*Verstanden als*
Adidas	Impossible is nothing	Ein imposantes Nichts
Air Berlin	Fly Euro Shuttle	Der Euro-Schüttel-Flug
Base	Freedom of Speech	Rede in Frieden
Beck's	Welcome to the Beck's experience	Willkommen beim Beck's Experiment
Burger King	Have it your way	Nimm's mit auf den Weg
Douglas	Come in and find out	Komm rein und finde hinaus
Ford	Feel the difference	Fühle das Differenzial
Jaguar	Life by gorgeous	Leben in Georgien
Kia	The power to surprise	Die Power-Überraschung
Mars	One of life's pleasures	Bitte, eins vom Leben
Mitsubishi	Drive alive	Überlebe die Fahrt
Sat1	Powered by emotion	Von Emotion gepudert
Vodafone	Make the most of now	Mach keinen Most daraus
Zürich Versicherung	Because change happenz	Weil Chancen glücklich machen

Das Ganze erinnert mich an glaubhaft falsch übersetztes Französisch:

Coup de grâce	Rasenmäher
entrechat	lass die Katze rein
honi soit qui mal y pense	ich denke ehrlich, mir wird schlecht

→ Unverständliches

WORTBAU: Von Ecken zu Zecken
Welcher Vor-Silbe kann man jeden der 26 Buchstaben anhängen?

Es begann harmlos, als Nebeneffekt beim Durchpflügen der großen Wörterbücher für *Das Kreuz mit den Worten*: Aus wel-

---

Hiker (Wanderer)]

chen Wörtern entstehen möglichst viele neue Wörter, wenn man jeweils einen anderen Buchstaben davorsetzt? Aus *Ecken* wird durch Davorsetzen des Buchstabens *B* das neue Wort *Becken*. Genauso geht das mit den Buchstaben *d* (decken), *h* (hecken), l (lecken), *n* (necken), *r* (recken), *w* (wecken) und, wenn man Plurale zulassen will, auch mit *J* (Jecken) und *Z* (Zecken).

Oder für *Ahn*: Bahn, Hahn, (Jahn), Kahn, Lahn, (Rahn), Wahn, Zahn.

Daraus entstand die Frage: Gibt es ein Wort, vor das man jeden der 26 Buchstaben spannen kann, und es entsteht jeweils ein neues Wort daraus? Nein, gibt es nicht.

Also stellte ich mir die Frage andersherum: Gibt es eine Silbe wie, sagen wir, *Bo*, hinter die man jeden Buchstaben des Alphabets stellen kann (Bo*a*, Bo*b*, Bo*c*?), und es kommt ein neues Wort heraus? Gibt es nicht. Nächstes Wörterbuch.

Dritter Anlauf: Gibt es eine Silbe wie *Bo*, hinter die man jeden Buchstaben des Alphabets stellen kann, und es kommt entweder ein neues Wort heraus oder es bildet den Anfang eines neuen Wortes? Bo*a*, Bo*b*, Bo*c*k, Bo*d*en, Bo*e*, Bo*f*ist, Bo*g*en, Bo*h*ei, Bo*i*ler, Bo*j*e, Bo*k*mal, Bo*l*zen, Bo*m*be, Bo*n*, Bo*o*t, bo*p* ... bop! Ausgebopt, Ende der Bojenschlange.

Es gibt einige solcher leider nur fast perfekten Wortbauten: *Ab-* fehlt nur abx; *be-* nur bex; *re-* fehlt nur rej; *sa-* fehlt nur sae, *se-* fehlt nur sef.

Sie wollen Ihr Glück selbst versuchen? Ich wette: Es gibt keine Silbe, die mit allen 26 Buchstaben funktioniert. Aber über 20 kann man mehrfach kommen. Viel Erfolg!

→ Geköpfte Worte

[Was macht Beckenbauer bloß in Frankreich? (6)

WÖRTER WIE SÄTZE: Vergissmeinnicht
Welche Wörter erzählen ganze Geschichten?

Manche Wörter erzählen ganze Geschichten, wie das *Vergissmeinnicht*. Der Name der Blume könnte auch als kompletter Satz durchgehen.
Ein englischer Freund von mir, der öfter »das tut weh« gehört hatte, hielt das Sätzlein für ein Substantiv, und so wurde für ihn *das Tutweh* daraus.
Hier sind also nicht nur einfach Wörter aneinandergereiht, hier entsteht eine ganze Szene vor unseren Augen. Leider lassen sich Begriffe dieser Art nicht eindeutig von gewöhnlichen Zusammensetzungen unterscheiden. Für Grenzfälle halte ich das *Gehtnichtmehr* (»bis zum Gehtnichtmehr«), die *Tagundnachtgleiche*, das *Tausendgüldenkraut*, den *Taugenichts*, den *Neunmalklugen* und den Wiener *Adabei* (»Auch dabei«). Es treten aber einige schöne und ähnlich gute Beispiele wie das *Vergissmeinnicht* auf.
Frage: Welche Wörter solcher Art gibt es?

> **Lösung:** Zum *Vergissmeinnicht* gesellen sich die Pflanzen *Rührmichnichtan* und *Jelängerjelieber* sowie der *Dreikäsehoch*, der *Gottseibeiuns*, der *Tunichtgut*, das *Stelldichein* mit dem *Möchtegerncasanova* und das *Tischleindeckdich*.

Bassin]

WORTPYRAMIDEN: Acht spannende Stufen zum Glück
Was ist die höchste Pyramide?

Fügt man zu einem Wort immer vorne oder hinten einen Buchstaben hinzu, so dass sich jedesmal ein neues Wort ergibt, erhält man schließlich eine Wortpyramide. Sie bestehen nur aus Stichwörtern, die im Wörterbuch stehen. Auch *i (igitt!)* und *a (à = je)* sind eigenständige Wörter, also keine Abkürzungen.

Frage: Was ist die Pyramide mit den meisten Stufen? Um sich selber daran zu versuchen, beginnen Sie am besten mit einem zweibuchstabigen Wort (denn es gibt nur drei Wörter, die aus einem Buchstaben bestehen). Plurale können Sie zur Vereinfachung zulassen, Abkürzungen besser nicht, oder wenn, dann nur gängige.

Eine sechsstufige Wortpyramide:

OD
ODE
MODE
MODER
MODERN
MODERNE

Eine siebenstufige Wortpyramide:

I
EI
EIS
REIS
REISE
REISEN
PREISEN

[Was macht Omi in ihrem Revier? (8)

Eine achtstufige Wortpyramide. Höhere Pyramiden gibt es im Deutschen nicht:

A
AN
PAN
SPAN
SPANN
SPANNE
SPANNEN
SPANNEND

Acht Stufen mit har (Zuruf an Pferde) und Charte (Urkunde):

A
AR
HAR
HART
CHART
CHARTE
CHARTER
CHARTERN

Zwei weitere achtstufige und eine (weitere) neunstufige Pyramide finden Sie unter *www.eichborn.de/cus*

Distrikt (die strickt)]

Lassen wir die Abkürzung IC zu, ergibt sich eine neunstufige Pyramide (außer Konkurrenz):

I
IC
ICH
EICH
LEICH
LEICHT
LEICHTE
LEICHTER
LEICHTERN

→ Kaskade; → Wortbau

WORTRUINEN: knorke und schnafte
Welche veralteten Ausdrücke stehen noch im Wörterbuch?

Die Wörterbücher von Duden und Wahrig sind sprachlich auf dem Stand der Alt-68er: *groovy*, den amerikanischen Hippie-Ausdruck der Woodstock-Zeit für »echt super«, verzeichnen beide Wörterbücher, der Wahrig sogar als (aktuelle) Jugendsprache, *can you dig it?* Dabei können auch längst zu Recht vergessene Wörter wieder eine Renaissance erleben, sie wirken dann aber nur noch ironisch: *dufte, knorke* und *schnafte*. Der Duden bezeichnet *schnafte* als veraltend, *knorke* gar als veraltet. Schade fast.

Dafür findet sich der *Wirkliche Geheime Rat* im Duden, ebenso wie wichtige Kürzel des Telegrammverkehrs (*RP*). Das wohl jüngste Wort, das zur Ruine verfiel, ist erst ein paar Jahre alt und wirkt dennoch schon wie aus einer anderen Welt:

[Silicon Valley (9)

Jahr-2000-fähig listet der Duden. So hießen Computer, die den befürchteten Datumswechsel am 1.1.2000 ebenso unbeschadet überstanden wie nicht-Jahr-2000-fähige Computer.

WORTSTAMM: Der kürzeste Stamm
Welcher Wortstamm besteht nur aus einem Buchstaben?

Der Wortstamm ist das Herz jedes Wortes. Streicht man alle Vorsilben, Nachsilben und Endungen bleibt der Stamm übrig. Von einem Wort wie *Unbedenklichkeit* fallen so die Vorsilben *un* und *be* fort und die Nachsilben *lich* und *keit*. Übrig bleibt der Stamm *denk*.
Frage: Welche alltäglichen deutschen Wörter haben einen Stamm, der nur aus einem einzigen Buchstaben besteht?

> **Lösung:** *der/die/das* haben als Stamm nur *d-*. Möglicherweise kann man auch bei *sein/seid/sind* von einem Stamm-s ausgehen und bei *was/wessen* von einem Stamm-w. *D-essen* käme dann sogar auf fünf Endungsbuchstaben für den einen Stammbuchstaben. Genauso lang ist *derlei*: *d-* ist der Stamm, *-erlei* die Endung (wie in vielerlei, mancherlei, zweierlei).

WORTTEILUNG: Che-Fred-Akt-Öre
Welche Wörter sind scheinbar komplett aus ganz anderen Wörtern zusammengesetzt?

Für die Illustrierte *Stern* schrieben wir über 400 Rätselfragen, eine davon ein Bilderrätsel, bei dem Folgendes abgebildet war: *Che* (Guevara), *Fred* (Feuerstein), *Akt* (Nackedei), *Öre* (Münze). Für Sie ist es nun leichter, daraus den gesuchten Be-

griff zu bilden, da ich Ihnen die Abbildungen bereits übersetzt habe: Che-Fred-Akt-Öre, ach ja, die beiden *Chefredakteure* des *Stern*.
Damit wissen Sie nun, welche Wörter hier gesucht sind: Solche, die komplett aus anderen Wörtern zusammengesetzt sind. Einfache Zusammensetzungen wie *Reißverschluss* interessieren uns dabei nicht, sondern es sollten sich möglichst durchweg ganz neuartige Zusammensetzungen ergeben. Beispiel: *Lokalisieren*. Das lässt sich aufspalten in die Wörter *Lok-Ali-sie-Ren*. Zumindest drei dieser vier Teilwörter haben überhaupt nichts mit dem Gesamtbegriff lokalisieren zu tun, die Lok ist (via *locus*) entfernt damit verwandt.

Frage: Finden Sie ein Wort, das aus vier oder fünf ganz anderen Wörtern zusammengesetzt ist? Anders als beim Bilderrätsel für den *Stern* sollte aber diesmal die Schreibweise stimmen.

> **Lösung:** Beispiele sind *Fund-amen-Tal-Ist-in* oder *Fund-Amen-Tal-Beg-Riff*. Lässt man den Plural zu, kann man auch anders trennen: *Fun-Damen-Tal-Beg-Riff*.
> Das *Staat-Sex-Amen*, so schön es ist, bietet leider den kompletten *Staat*. Da Staat sehr wohl mit Staatsexamen zusammenhängt, entspricht diese Teilung nicht den Regeln.

→ Rebus

YPSILON: Haydn und die Loreley
Welche deutschen Wörter schreibt man mit y?

Letztlich sind es alles Namen, die ein y enthalten: Vornamen wie *Wally* und *Willy*, die aber auch Walli und Willi heißen

[Weil sich alleine keiner traut (3)

könnten – eine Marotte also. Bei Nachnamen ist das anders. Bekannte Namensträger mit y:

> Beuys – Haydn – Heym – Kelly – Kreisky – Meyerbeer – Radetzky – Tucholsky – Tykwer – von der Leyen

Finden Sie weitere Promis mit y? Eine Namensliste steht unter www.eichborn.de/cus

Ein Grenzfall ist die *Loreley*, die wir als märchenhafte Gestalt personifizieren. Eigentlich gehört sie zu den geographischen Namen:

> Ardey – Corvey – Freyburg – Loreley – Norderney – Oeynhausen – Pyrmont – Rheydt – Schwyz – Speyer – Steyr – Sylt – Thaya – Wyk

Frage: Den bekanntesten deutschen Begriff mit y haben wir noch nicht genannt. Er wird übrigens nur aufgrund königlicher Verfügung mit y geschrieben. Wie lautet dieses Wort?

Lösung: *Bayern* (mit Abwandlungen wie Bayer, Oberbayern, Niederbayern). König Ludwig I. von *Baiern*, betrübt ob der so simplen Schreibweise seines Königreichs, verfügte die neue Schreibweise *Bayern*. Weniger bildungsprotzig kommt der Name der Mundart daher: Bis heute sprechen die Bayern, wenn sie denn welche sind, *bairisch*.

Ehe **]**

ZAHL DER WÖRTER IM DEUTSCHEN: Fuzzy Logic
Wie viele Wörter gibt es im Deutschen?

Niemand weiß eine Antwort auf diese Frage, niemand hat sie alle gezählt. Vermutlich kann keine andere Sprache so viele Wörter neu bilden wie das Deutsche, keine andere Sprache ist so beweglich wie die unsere mit ihrer Möglichkeit, alle Begriffe ständig neu zusammenzusetzen. Die vielbeschworene Flut englischer Wörter macht nur einen kleinen Teil der jährlichen Neubildungen im Deutschen aus.

Der Duden listet 130 000 Stichwörter, das Grimm'sche Wörterbuch 1,1 Millionen (darunter z.B. *abmurzeln* und *Duzbrüdericht*). Viele Stichwörter tauchen mehrfach auf: *Fuzzylogic* und *Fuzzy Logic* und *Fuzzylogik* sind drei Stichwörter. Der Brot-Wecken findet sich unter vier Stichwörtern: *Weck, Wecke, Wecken* und *Weggen*. Rekord dürfte ein männlicher Vorname sein, der an fünf Stellen im Duden auftaucht.

Frage: Welcher Vorname ist das?

Lösung: Eckart, Eckehard, Eckhard, Eckhart, Ekkehard

ZAHLENSPIEL: Die Summe der Buchstaben
Welches Zahlwort entspricht seinem eigenen Wert?

Die Mystik der jüdischen Geheimlehre Kabbala umgibt die Buchstaben-Zahlenspiele. Setzt man a = 1, b = 2, c = 3, ergeben sich Zahlen für alle Buchstaben und somit Summen für Wörter. »Acht« hat demnach die Summe für die Buchstaben a, c, h und t oder 1 + 3 + 7 + 20 = 31. Schade nur, dass 8 nicht gleich 31 ist.

[Wer sollte den Tag nicht vor dem Tode loben? (6)

Frage: Gibt es ein Zahlwort, das ausgeschrieben die gleiche Summe ergibt wie die Zahl, für die es steht? Hinweis: Der Umlaut in »fünf« wird aufgelöst in U = 21 und E = 5.

Beispiel: Auf Englisch funktioniert es mit *two hundred and fifty-one* mit der Buchstabensumme: 251.
Auf Französisch: deux cent vingt deux = 222
Und auf Deutsch?

Lösung: Zweihundertsieben = 207
→ Zahlwort 3

ZAHLWORT 1: Das a und o
Welches Zahlwort wird mit o geschrieben?

Auf Englisch gibt es keine ganze Zahl, die ausgeschrieben ein a enthält. Das gilt bis 999, dann kommt thous*a*nd.
Auf Deutsch muss man bis zum ersten *a* nicht weit zählen: *a*cht. Dafür ist die Frage nach dem o im Deutschen schwieriger.
Frage: Was ist die kleinste Zahl, die ausgeschrieben ein o enthält? (Es gelten nur die normalen Zahlen 1,2,3 ... »Zero« gilt nicht als Zahl. Ein wenig um die Ecke denken sollten Sie schon; die Wörterbücher lassen die Lösung zu.)

Lösung: Die kleinste Zahl, die ausgeschrieben ein o enthält, ist nicht die Million, sondern *zwo*. (Die Mutter aller Niederlagen: Dieser kleine Unterschied brach manchem Teilnehmer im Rätselrennen 2005 das Genick. Wer zwar bereits das richtige Lösungswort herausgefunden hatte, aber dann die Einsendeadresse mit der »zwo« nicht knackte, bekam den Brief mit dem richtigen Lösungswort als unzustellbar zurück – leider erst nach Einsendeschluss.)

ZAHLWORT 2: Das Chamäleon
Welche Zahl ändert ständig ihre Aussprache?

Acht spricht man immer gleich aus, egal ob in 8, 18, 68er oder Achtel. Die hier gesuchte Zahl ist anders. Dabei ist es eine ganz normale Allerweltszahl. Diese Frage kommt also ohne doppelten Boden daher.
Frage: Welche Zahl ändert je nach Zusammensetzung ihre Aussprache?

> **Lösung:** Die seltsame Zahl *vier*. Die eine Aussprache hören wir in den Zahlen: 4, 4x, 24, 400, 4000. Hier lautet die Aussprache etwa fia.
>
> Die andere Aussprache (fir ...) hören wir in Vierer, 14, 40, Viertel
> → Aussprache

Welche bekannte deutsche Behörde wird allgemein nach ihrem jeweiligen Leiter benannt?
Die *Behörde zur Aufarbeitung der Stasi-Unterlagen der früheren DDR:* Erst hieß sie *Gauck-Behörde* nach Joachim Gauck, dann *Birthler-Behörde* nach Marianne Birthler.

[Wer stiebitzt, fliegt! (6)

ZAHLWORT 3: Teenager und ihre acht Buchstaben
Für welche Buchstabenanzahl gibt es kein Zahlwort?

> elf   = 3 Buchstaben
> eins = 4 Buchstaben
> sechs = 5 Buchstaben
> sieben = 6 Buchstaben

Keine Zahl ist kürzer als die Elf, wenn man die Zahl der Buchstaben des Wortes *elf* als Maßstab nimmt. Dann kommen viele Zahlen mit vier Buchstaben: null, eins, zwei, …, zehn. Größere Zahlen warten natürlich mit mehr Buchstaben auf. Das Alter von Teenagern (13–19) ist immer acht Buchstaben lang, genausolang wie das Wort *Teenager*. Die längsten zweistelligen Zahlen haben 16 Buchstaben: 27, 37, …97.

Frage: Was ist die kleinste Buchstabenanzahl für ein Zahlwort, die nie vorkommt? (Die Zahl muss natürlich größer als drei sein. Es gelten nur die »normalen« natürlichen Zahlen, keine Brüche.)

> **Lösung:** Es gibt keine Zahl mit neun Buchstaben. Jede andere Anzahl ist vertreten:
>
> elf = 3 Buchstaben
> eins = 4 Buchstaben
> sechs = 5 Buchstaben
> sieben = 6 Buchstaben
> zwanzig = 7 Buchstaben
> neunzehn = 8 Buchstaben
> einhundert = 10 Buchstaben
> hunderteins = 11 Buchstaben
> hundertsechs = 12 Buchstaben

Elster]

hundertsieben = 13 Buchstaben
vierundzwanzig = 14 Buchstaben
hundertundsechs = 15 Buchstaben
hundertundsieben = 16 Buchstaben
eintausendzwanzig = 17 Buchstaben
zweihundertzwanzig = 18 Buchstaben
sechshundertzwanzig = 19 Buchstaben
siebenhundertzwanzig = 20 Buchstaben
eine Milliarde und sechs = 21 Buchstaben

ZU GUTER LETZT: Schlimmste Drohungen
Gibt es wirklich nur drei schlimmste Drohungen?

Ich kenne drei schlimmste Drohungen. Alle drei vorgebracht mit Engelsmiene und netten Worten – und sofort weiß man, dass gleich Entsetzliches geschehen wird:

* Zahnarzt zum Patienten: »Es tut gar nicht weh!«
* Hundebesitzer: »Der will nur spielen!«
* Sie zu ihm: »Du, wir müssen mal reden.«

Früher dachte ich, es müsse jede Menge schlimmste Drohungen geben, aus denen man dann einen witzigen Zeitschriftenartikel basteln könnte. Famos illustrieren ließe es sich obendrein. Also einfach mal Freunde und Bekannte zum Nachdenken auffordern, mit der Redaktion zusammensetzen und dann sprudeln gewiss die Ideen. Das habe ich auch gemacht, aber umsonst – keine einzige andere schlimmste Drohung kam dabei heraus. Gibt es sonst keine mehr? Ich bin ratlos. Und mit diesem ungelösten Rätsel schließt dieses Büchlein.

[Wo möchte Möchtegern gern baden? Nur eines von Myriaden (6)

WOHER ALLES KAM

Aufgewachsen bin ich mit meiner bairischen Muttersprache und meiner deutschen Vatersprache. Mein Großvater, ein Spross armer Bauern aus Niederbayern, zeigte mir die ganze Kraft des Bairischen. Mein Vater, ein Nordlicht, impfte mich frühzeitig gegen die Fallstricke des Deutschen. Schon den Dreikäsehoch nahm er mit in die Zeitungsredaktion. Meine Erinnerung klammert sich beharrlich an den Paternoster, der dort bis heute umläuft. (*Der* Paternoster – nicht zu verwechseln mit *das* Paternoster = das Vaterunser.)

Mit acht Jahren nervte ich meine Schwester mit Wortklaubereien. Mit 16 warf ich entrüstet das Reclamheft mit Schillers *Wilhelm Tell* aus dem offenstehenden Fenster des Klassenzimmers. Beim Rütlischwur war's. Ein *Quark* sondergleichen, wie ich fand. Erst später lernte ich: Man kann Quark auch englisch aussprechen – *das Quark*, ein Elementarteilchen.

Ich entwickelte entbehrliche Fähigkeiten wie die, Wörter und Sätze ebenso schnell rückwärts wie vorwärts zu sprechen. Damit ließ sich wenigstens Eindruck schinden. Komplett zweckfrei ist es, dass ich von jedem Wort, das ich höre, sofort die Anzahl seiner Buchstaben sagen kann.

Als Student veranstaltete ich mit einem Freund eine Gaudirallye über Stock und Stein, bei der zum ersten Mal mein Talent, Rätsel zu erfinden zum Vorschein kam. 1990, als das *Magazin der Süddeutschen Zeitung* aus der Taufe gehoben wurde, war unklar, was mit dem Rätselteil geschehen sollte – Rätselmacher stehen nicht in den Gelben Seiten. Da erinnerte sich eine Journalistin an die Gaudirallye, an der sie Jahre zuvor teilgenommen hatte. So wurde aus dem Hobby ein Beruf.

Insekt (in Sekt baden)]

Für das *Kreuz mit den Worten* im SZ-Magazin durchpflügte ich die Wörterbücher viele Jahre lang wie wohl niemand sonst. Dabei begegneten mir häufig kuriose Begriffe und Konstruktionen. Eines Tages begann ich alles, was mir im Wörterbuch unterwegs auffiel, zu notieren. So entstanden Listen, lange Listen, mit allen möglichen und unmöglichen Seltsamkeiten. Einiges davon ließe sich heute per Knopfdruck bequemer herausfinden. Ich habe den Großteil noch auf die Ochsentour gesammelt. Kuriosa, die sich hier im Buch auf ein paar Zeilen drängen, haben mich oft Wochen, Monate, Jahre gekostet, und manchen Tropfen Herzblut dazu. Möge daraus ein immer wieder erstaunliches *Wörter-Buch* entstanden sein.

Ich danke W. und S. für die großartige Unterstützung, meinem früheren Kollegen R. für all die Tipps und Sprachgespräche, A. für den prompten und überaus segensreichen technischen Einsatz, Simone Straub und Renate Vasold für das mitdenkende Korrekturlesen und natürlich dem Lektor, Dr. Oliver Thomas Domzalski vom Eichborn-Verlag, der mir Flausen austrieb, mit dem ich um Formulierungen rang, von dem viele Ideen stammen und der gerechterweise als Co-Autor auf dem Titelblatt genannt werden müsste.

CUS
www.cuscus.de

ANHANG 1
Wortspielereien aus der Capita-Qualma-Rallye

Von 1983 bis 1986 veranstaltete ich mit meinem Freund Peter die Gaudi-Rallye **Capita qualma**. Bis zu 70 Teams fuhren mit ihren Autos über Land, über Stock und Stein. Um Geschwindigkeit ging es dabei nicht, es war mehr eine Schnitzeljagd auf vier Rädern, bei der man unterwegs unter Kirchenaltäre kriechen oder Mistbagger aufspüren musste. Wir Veranstalter nannten uns "Capita Qualma" ("die rauchenden Köpfe"), und diesem Ruf wurden wir auch gerecht, denn es setzte unterwegs happige Fragen. Damals waren die Teilnehmer auf sich allein gestellt irgendwo in der Pampa. Internet und Handy waren unbekannt - welch goldene Zeiten für Rätselmacher! Ein Teilnehmer lieh sich jedes Jahr zur Rallye Papas dicken BMW und vertelefonierte ein Vermögen mit dessen Autotelefon, neidisch beäugt von den anderen Teams; gebracht hat es ihm nichts.
Hier ein paar Beispiele von damals, soweit sie zu unserem Thema passen.

> Wie hieß der Astronaut, der als 2. Mensch seinen Fuß auf einen anderen Planeten setzte?

Lösung: Die Frage ähnelt dem Klassiker: Wie viele Tiere nahm Moses mit auf die Arche? Der Astronaut ist aber vielleicht noch verblüffender. Na, was kommt raus?

Edwin Aldrin war's, der seinen Fuß als zweiter
Mensch auf den Mond setzte. Leider ist der Mond
kein Planet, sondern eben nur ein Mond (er
kreist um den Planeten Erde). Bislang hat noch
kein Mensch einen anderen Planeten betreten.
Und Moses? Arche? Noah war's doch.

Fügt einen Strich hinzu, damit auf beiden
Seiten das gleiche steht. Let's go!

$$101010 = 9.50$$

Ein Hammer! Damit Sie jetzt nicht einfach spicken, folgt die Lösung weiter unten.

Stefan XY-stein lebt mit seinem Lebenspartner seit mehreren Jahren in einer Stadt. In
seinem Personalausweis steht: Der Inhaber
dieses Ausweises ist deutscher Staatsbürger.
Frage: Wo wohnen Sie?

Lösung: In welchen Ausweisen stand "Der Inhaber
dieses Ausweises ist deutscher Staatsbürger"? In
westdeutschen stand es nicht. Aber in Westberliner Ausweisen. Das war auch damals nicht
leicht herauszufinden. Die Lösung war freilich
nicht Berlin, denn keiner der Teilnehmer unserer Rallye wohnte dort. Wo wohnen Sie? Das Sie
ist großgeschrieben, meint also nicht Stefan und
Partner, sondern Sie als Leser dieser Frage. Die

CAPITA QUALMA

Lösung ist dann eben Ihr eigener Wohnort, der auch damals als richtige Lösung einzutragen war.

Ergänzt den nächsten Anfangsbuchstaben eines Wortes im folgenden "System":
S; W; F; W; S; Z; K; L; J; W; S; ?

Lösung: Es sind die Anfangsbuchstaben der Tierkreiszeichen: S-teinbock, W-assermann, F-ische, W-idder, S-tier, Z-willing usw.

Lösung der Aufgabe 9.50 weiter oben: Die englische Aufforderung **Let's go!** wies in die richtige Richtung. Engländer und Amis schreiben die Ziffer 1 meist nur als einen senkrechten Strich. Machen Sie den mittleren der drei senkrechten Striche mit einem waagerechten Strich zum T, dann steht da: 10 To 10 = 9.50. Wer in der Schule aufgepasst hat, weiß noch, dass das englische Zeitangaben sind. 10 To 10 ist eben zehn vor zehn oder 9.50.

Rheinisch ist der Sauerbraten – welche anderen Flussadjektive gibt es im Deutschen neben rheinisch?

Es gibt keine anderen Flussadjektive. Ostelbisch oder nordelbisch hört man zuweilen, aber *elbisch* ist kein Wort, genauso wenig wie *donauisch*. Danubisch, immerhin, ist ein Fachwort der Geologen. Und sonst? Oderisch, weserisch, poisch, nilisch, amazonisch? Fehlanzeige.

ANHANG 2: LÖSUNGEN

S. 12:
ADJEKTIVE 3: Gertenschlank und windelweich
Welche Verstärkungen treten nur ein einziges Mal mit normalen Adjektiven auf?

baumlang – beinhart – bettelarm – bienenfleißig – butterweich – ellenlang – federleicht – fuchsteufelswild – funkelnagelneu – gallenbitter – giftgrün – hauchdünn – haushoch – klammheimlich – klitzeklein – (kohl)rabenschwarz – kunterbunt – mausetot – mopsfidel – mucksmäuschenstill – mutterseelenallein – (nigel)nagelneu – nudeldick – (schnurz)piepegal – pitsche(patsche)nass – potthässlich – samtweich – schlohweiß – spindeldürr – spinnefeind – splitter(faser)nackt – spottbillig – turmhoch – windschief

Ein Grenzfall ist *windschief* – steigert *wind* das Grundwort *schief*? Und steigert *kunter bunt*? Ein Wort wie *wankelmütig* liste ich nicht, da *mütig* kein eigenständiges Wort ist. Aus dem gleichen Grund entfällt *himmelangst*, denn *angst* ist kein eigenes Adjektiv. Bei spinnefeind gibt es aber das Wörtchen feind (»einer Sache feind sein«).

S. 19:
ANAGRAMME 1: Törichterweise österreichweit

Lösung der kurzen Anagramme:
Inder / Rinde; eisern / reisen oder Serien; Feier / Eifer oder Reife; Harfen / fahren; Geliebter / Begleiter

12 Buchstaben:
- abschmettern / Machtstreben
- Arbeitskraft / Strafbarkeit
- aufstreichen / Tiefenrausch
- ausglitschen / Sachleistung
- Betatesterin / Intestaterbe
- Brandursache / Schraubenrad
- Deportierung / Torpedierung
- Dichterkreis / Kreidestrich
- durchstechen / rechtsuchend
- einschreiten / einstreichen
- einstreichen / technisieren
- Erlebensfall / Fallersleben
- Erschafferin / schraffieren
- Fronteinsatz / Zitronensaft
- Gazastreifen / Strafanzeige
- Glasreiniger / Rangiergleis
- Glockenstuhl / Hockstellung
- Landgemeinde / magenleidend
- Laserpointer / personaliter
- Morsezeichen / Ochsenziemer

13 Buchstaben:
- algorithmisch / logarithmisch
- drunterliegen / untergliedern
- einsichtsvoll / novellistisch
- faksimilieren / Familienkreis
- Landstreicher / redensartlich
- Maschinensatz / Stanzmaschine
- Minenarbeiter / Riemenantrieb
- Sozialrentner / translozieren
- Tagesereignis / Tagessiegerin

14 Buchstaben:
  dreigestrichen / Gerichtsdiener
  Entschleierung / Rechenleistung
  Entziehungskur / Kunsterziehung
  Fensterscheibe / Schiebefenster
  gastfreundlich / Tarifdschungel
  Grenzausgleich / Schlagzeugerin
  Leiharbeiterin / rehabilitieren
  undemokratisch / dokumentarisch

15 Buchstaben:
  Amateurfunkerin / manufakturieren
  Fleischmaschine / Schleifmaschine
  Grundbesitzerin / Zubringerdienst

Wörter, die durch Verschieben von nur einem Buchstaben eine neue Bedeutung erlangen (*Fruchtlosigkeit – Furchtlosigkeit; Regierungskrise – Regierungskreis*) habe ich nicht aufgenommen. Ebensowenig berücksichtigt sind Bindestrichwörter wie *Kosten-Nutzen-Analyse/Nutzen-Kosten-Analyse*

S. 50:
BUCHSTABEN, WENIGSTE VERSCHIEDENE

Auf eine bessere Verhältniszahl als 2,5 kommen:
2,67	allerallerletzte; hopphopp
2,75	Mississippi
3,0	Cha-Cha-Cha
3,0	effeff
3,0	etepetete

3,0   hahaha
3,0   Minibikini
3,0   nennen
3,0   tête-à-tête

S. 52:
BUCHSTABEN-MEHRLINGE:

Weitere Beispiele:
  aaaaaa: --- (kein weiteres Exemplar bekannt)
  bbb: Babyboom, Überbleibsel; bonbonbunt
  cccc: Boccaccio, gleichgeschlechtlich, sprachgeschichtlich
  dddd: dideldumdei
  eeeeeee: entgegenkommenderweise
  ffff: z.B. effeff, töfftöff
  ggggg: --- (kein weiteres Exemplar bekannt)
  hhhhh: hochherrschaftlich
  iiiiii: Ministerialdirigentin; Bikinilinie, Minibikini
  jj: Jeansjacke, Ljubljana
  kkkk: Krickelkrakel, Wolkenkuckucksheim
  lllll: allerallerletzte
  mmmmm: --- (kein weiteres Exemplar bekannt)
  nnnnnn: Innenantenne, Nervenanspannung
  ooooo: Rotationskolbenmotor
  pppppp: --- (kein weiteres Exemplar bekannt)
  qq: Quinquillion
  rrrrrr: Kraftfahrzeugreparaturwerkstatt
  sssssss: --- (kein weiteres Exemplar bekannt)
  tttttt: Mitternachtsgottesdienst; automationsunterstützt
  uuuuu: Blutgruppenuntersuchung
  vvv: Savoir-vivre

www: wettbewerbswidrig, Wegwerfwindel
xx: Texmex, XXL
yy: fifty-fifty, Sydney, Synonym
zzz: Herzinsuffizienz, zweiundzwanzig

S. 59:
DOKTORSPIELCHEN: Dr. Acula, Blutspendedienst

Hier meine vollständigen Vorschläge für die Doktoren:

Dr. Ache	Haus-Ärztin
Dr. Achme	Her mit den Äskulappen!
Dr. Acula	Blutspendedienst
Dr. Ivein	Unfallhilfe (Drive-In)
Dr. Aht	Unfallnothilfe
Dr. Ahtzieher	Entbindungshelfer
Dr. Akon	Rosskuren
Dr. Ama	Psychotherapeut
Dr. Ang	Urologe
Dr. Echsler	Praktischer Arzt und Prothesen
Dr. Eh	Chiropraktiker
Dr. Eisprung	Multiple Besamungen
Dr. Eist	Keine Kassenpatienten!
Dr. Esche	Spezialist für Schlaganfälle
Dr. Ibbling	Sportverletzungen
Dr. Ink	Suchtkrankheiten
Dr. Ohne	Eheberater & Leibarzt der Königin
Dr. Oge	Pharmazeut
Dr. Ollig	Schmusetierarzt
Dr. Omedar	Wellness-Oasenanwendungen
Dr. Osselbart	Plastische Chirurgie
Dr. Ückeberger	Medizinische Gutachten

Dr. Uide   Alternative Heilmethoden
Dr. Um   Diagnosearzt
Dr. Üse   Sekret-Service

S. 65:
DRILLINGE: Teeei & Pappplakat

Weitere Beispiele für Wörter mit drei gleichen Buchstaben hintereinander:

- **eee:** Kaffeeextrakt – Schneeeule – seeerfahren
- **fff:** grifffest – schadstofffrei – Schifffahrt
- **lll:** Eisschnelllauf – helllicht – schnelllebig – Stillleben usw.
- **mmm:** Klemmmappe – programmmäßig – Schwimmmeister
- **nnn:** Kennnummer – Pinnnadel
- **ppp:** Krepppapier – Stopppreis
- **rrr:** Geschirrreiniger – Sperrriegel usw.
- **sss:** Bassstimme – Fresssack – Imbissstand – Schlussspurt
- **ttt:** Fetttropfen – Schritttempo – wettturnen

S. 87:
FUGEN: Ex-akt und Zäddeäff

Weitere Fugen sind:
- Fugen-ens: Herz-ens-lust, Schmerz-ens-geld
- Fugen-n: Oper-n-haus, »rosane«/»zune« Tasche
- Fugen-o: Spiel-o-thek, Mann-o-mann, Mann-o-meter
- Fugen-s: Frühling-s-anfang, Geburt-s-tag
- Fugen-t: eigen-t-lich, meine-t-wegen

S. 120:
LITERATUR: Romeo ohne Julia

Weitere literarische Gestalten im Duden:
Falstaff – Faust – Figaro – Frankenstein – Kaliban – Kannitverstan – Lear – Lohengrin – Lolita – Macbeth – Othello – Parzival – Robinson Crusoe – Romeo – Ruodlieb – Schwejk – Tartüff – Tarzan – Werther – Winnetou – Woyzeck

S. 121:
MAGISCHES QUADRAT

S. 130:
MUSIK: Von Aida bis Yankee Doodle

Weitere Musikstücke im Duden sind:
Kreutzersonate – Leningrader Sinfonie – Marseillaise – Maurerische Trauermusik – Missa solemnis – Nabucco – Parsifal – Pathétique – Radetzkymarsch – Rigoletto –

Santa Lucia – Ungarische Rhapsodie – Wozzeck – Yankee Doodle – Zauberflöte

S. 133:
NAMEN 3: Iwan und wahrer Jakob

Weitere sprichwörtliche Namen sind:

Bobby	Graf –
Eckehart	der getreue –
Erna	Klein-
Fritzchen	Klein-
Harry	stolz wie –
Hein	Freund – (Tod)
Heini/Heinz	Faktotum
Lieschen	– Müller; fleißiges –
Lolita	Kindfrau
Max	strammer –
Maxe	Kletter-; den großen – spielen
Meisje	Holländerin mit Häubchen und Holzpantinen
Moritz	kleiner –
Müller	siehe Lieschen
Mustermann	Erika –
Roger	alles –; Ende der Durchsage
Schäl	Witzfigur
Suse	Heul-; Tran-
Tommy	der – (die Briten)
Trine	Faktotum
Tünnes	siehe Schäl
Wilhelm	Unterschrift

S. 204:
VOKAL/KONSONANT 1: Lo-ko-mo-ti-ve

Wörter mit regelmäßigem Vokal-/Konsonant-Wechsel mit zehn Buchstaben:
Akademiker – Amerikaner – Anabolikum – Analerotik – Anaxagoras – Anemometer – Antananarivo – Apologetik – Apologetin – Aragonesin – Decamerone – Dewanagari – Economiser – Eheberater – Ekonomiser – Enumerativ – Erotikerin – Esoteriker – Evaporator – Examinator – Exekutorin – Fotosafari – Fototapete – Futurologe – imaginabel – Imitatorin – inoperabel – Ironikerin – Italikerin – Japanologe – Kapuzinade – Leguminose – Lexikologe – Lipomatose – Lokomotive – Loveparade – Malakologe – Metagenese – Mineraloge – Minibikini – Minikamera – Monogenese – Myxomatose – Musikologe – Operatorin – ovovivipar – Parakinese – Paramaribo – Politologe – Putativehe – Savonarola – Sexagesima – Sisalagave – Tananarive – Telekamera – Telekinese – Telenovela – Teratologe – Tohuwabohu – Toxikologe – unilateral – urogenital – Varikozele – Venerabile

S. 206:
VOKAL/KONSONANT 2: Ri-si-ko-be-re-it

Wörter mit unregelmäßigem Vokal-/Konsonant-Wechsel mit 12 Buchstaben:
Antananarivo – Bodylotion – Kapitulation – nomadisieren – Nomination – Paläontologe – Poleposition – relativieren – risikobereit – Rokokozeit – Ruheposition – Varietetheater – Vegetarierin – verifizieren – Vokabularium – Zivilisation

14 Buchstaben haben:
Dialysestation – monologisieren – Naturalisation – popularisieren – Rehabilitation – Reorganisation – Säkularisation – Totaloperation

16 Buchstaben haben:
denaturalisieren – Leibesvisitation – remilitarisieren

S. 210:
VOKALE 2: Die Permutationen
Welche Wörter mit allen fünf Vokalen gibt es?

AEIOU	–
AEIUO	(Parteibüro)
AEOIU	Sazerdotium
AEOUI	–
AEUIO	Tradeunion
AEUOI	Tagebuchnotiz – paneuropäisch (6 Vokale)
AIEOU	–
AIEUO	–
AIOEU	Agioteur – Aktivforderung – Gratisvorstellung
AIOUE	Aminosäure (6 Vokale)
AIUEO	–
AIUOE	–
AOEIU	Anorektikum – Phänomenalismus (6 Vokale)
AOEUI	Saboteurin – Transporteurin
AOIEU	Absolvierung – Arrondierung – Favoritensturz – Jakobinertum
AOIUE	Ascorbinsäure (6 Vokale)
AOUEI	Absolutheit – Allrounderin – Amokläuferin

	(6 Vokale) – Layouterin – Slalomläuferin (6 Vokale)
AOUIE	Jalousie – Laktosurie – Patrouille – Rambouillet
AUEIO	Ausgleichsfonds – Ausgleichssport – Daumenkino
AUEOI	–
AUIEO	Auftrittsverbot
AUIOE	Halluzinogen
AUOEI	autofrei – Naturforscherin
AUOIE	Autohilfe – Autopsie – Raubkopie Schaumstoffkissen
EAIOU	Sensationssucht
EAIOU	–
EAOIU	Krematorium – Metabolismus – Metatropismus
EAOUI	–
EAUIO	–
EAUOI	–
EIAOU	Einantwortung – Preisanordnung
EIAUO	Einkaufskorb
EIOAU	Eskimofrau – Regionalzug
EIOUA	–
EIUAO	–
EIUOA	Einführungsvortrag (6 Vokale) – Entwicklungsroman – Zeitungsroman
EOAIU	Exotarium – Neomarxismus – Neonazismus
EOAUI	Erfolgsaussicht
EOIAU	Demobilmachung – Explosivlaut
EOIUA	–
EOUAI	Besoldungstarif
EOUIA	Erstkommunikant

EUAIO	Degustation – Deputation – Deukalion – Edukation – Emulation – Genmutation – Menstruation – Perlustration – Permutation – Persuasion – Regulation – Reputation – Rettungsaktion – Spekulation – Versuchsstation
EUAOI	regulatorisch
EUIAO	–
EUIOA	–
EUOAI	Neuromantik – Neuscholastik
EUOIA	Teutonia
IAEOU	Dialektforschung (diesem Wort begegnen wir andernorts wieder)
IAAUO	–
IAOEU	–
IAOUE	–
IAUEO	–
IAUOE	hinaufsollen – hinaufwollen – hinauskommen – hinauswollen
IEAOU	Mitverantwortung – Pithekanthropus
IEAUO	Hörspielautor (6 Vokale) – Mietauto – niveaulos – niveauvoll
IEOAU	–
IEOUA	interkommunal – Piezoquarz
IEUAO	Friseursalon
IEUOA	–
IOAEU	Ignorantentum – Informantenschutz
IOAUE	Kilowattstunde – Kirchhofsmauer
IOEAU	Pistolenlauf – Zitronenbaum
IOEUA	Timotheusgras
IOUAE	–

IOUEA	–
IUAEO	–
IUAOE	Stimmungskanone – Zirkularnote
IUEAO	–
IUEOA	–
IUOAE	Zirkumpolarstern
IUOEA	–
OAEIU	Kobaltverbindung – Kontrazeptivum – Lokalzeitung – Modalbestimmung – Monasterium – Postanweisung – Sonntagszeitung – Zollabfertigung
OAEUI	Kommandeurin – Kontaktfreudig
OAIEU	Bombardierung – Vordatierung
OAIUE	Moçambique
OAUEI	Lohnausgleich – Lohnausweis – Moldauerin – Obstschaumwein – Sporttaucherin
OAUIE	Knoblauchpille – Notausstieg
OEAIU	Kommensalismus – Konservatismus – Polstergarnitur – Porzellanfigur – Protestantismus – Phänomenalismus (6 Vokale)
OEAUI	hohenstaufisch – Oberaufsicht – Oberlausitz – tropentauglich
OEIAU	Drogenmissbrauch – Großeinkauf – Hochzeitsschmaus
OEIUA	–
OEUAI	–
OEUIA	Konsekutivsatz
OIAEU	Sozialberuf – Zollinhaltserklärung (6 Vokale)
OIAUE	Sozialkunde – Vormittagsstunde
OIEAU	Lohnniveau – Olivenbaum – Portiersfrau – (Cointreau)

254 LÖSUNGEN

OIEUA	–
OIUAE	Constituante – Konstituante – Konviktuale – Opiumhandel
OIUEA	–
OUAEI	Botsuanerin – Forschungsarbeit – Honduranerin – Wohnungsmaklerin
OUAIE	couragiert – Douanier – Douglasfichte – Douglasie – Journaille – Konsumartikel – Notquartier – Vorzugsaktie
OUEAI	Dokumentalist – Dokumentarfilm – Dokumentarin – Dokumentarist – Dokumentarfilm – Souterrain – (Souveränin) – Monumentalität (6 Vokale)
OUEIA	–
OUIAE	–
OUIEA	konjugierbar – konsumierbar
UAEIO	(unprätentiös)
UAEOI	(quastenförmig)
UAIEO	(zuständigenorts)
UAIOE	Putativnotwehr – ultraviolett – unrationell
UAOEI	Quattrocentist
UAOIE	Guanoinseln
UEAIO	Uhrenradio – Pränumeration (6 Vokale)
UEAOI	unverantwortlich
UEIAO	Pulverisator
UEIOA	–
UEOAI	Jungdemokratin
UEOIA	–
UIAEO	–
UIAOE	(Frühdiagnose)
UIEAO	–

UIEOA	–
UIOAE	Juniorpartner
UIOEA	(Ultimogeschäft)
UOAEI	(Büroarbeit) – (Unlösbarkeit)
UOAIE	Plutokratie – (Bürokratie) – (Rückstoßantrieb)
UOEAI	unproblematisch
UOEIA	duodezimal – unkollegial
UOIAE	Subdominante
UOIEA	–

S. 211:
VOKALE 3: etepetete und der Panamakanal

Wörter mit drei a:	Abraham – Caravan – Malaga
Wörter mit vier a:	Alabama – Katamaran – Madagaskar – Maharadscha – Machtapparat – Narhallamarsch
Wörter mit fünf a:	Astrachankaviar – Kanadabalsam – Mandatarstaat – Panamakanal – Staatsanwaltschaft – Staatsapparat
Wörter mit vier e:	Erdbebenherd – Nebeldecke – Nebenerwerb – Nebeneffekt
Wörter mit fünf e:	ebenderselbe – ebendeswegen – entgegengehen (-stehen, -setzen) – Gewerbelehrer – Lebenselement – Rechenexempel – Sterbensseele
Wörter mit sechs e:	wettbewerbsverzerrend
Wörter mit vier i:	Dividivi – Nihilistin – Primitivling
Wörter mit drei o:	Chromosom – Nordnordost –

	Protokoll
Wörter mit vier o:	monocolor – Monoposto – Moonboot – Voodoo
Wörter mit drei u:	Kuckucksuhr – Kukuruz – Kulturgut – Luftbuchung – Luftzufuhr – Lukullus – Subkultur – Umbuchung

VOKALTAUSCH: Ach Mutte!

Weitere Dreier sind:

Berg	Borg	Burg	barg (bergen)
bergen	borgen	bürgen	
Hahn	Hohn	Huhn	
Hammel	Himmel	Hummel	
Harn	Hirn	Horn	
hassen	Hessen	hissen	
Held	hold	Huld	
Kaffer	Kiffer	Koffer	
kapieren	kopieren	kupieren	
Kapital	Kapitel	Kapitol	
Kate	Kote	Kute	
laben	leben	loben (lieben)	
Lesung	Losung	Lösung	
Mast	Mist	Most	
messen	missen	müssen	Massen
modal	Model	Modul	
Nacken	necken	nicken	Nocken
pellen	Pollen	pullen	Pillen
Rah	Reh	roh	Ruh/ruh
Rinde	Ronde	Runde	

Satzung	Setzung	Sitzung
Schiss	Schoss	Schuss
Stallung	Stellung	Stillung
Tanne	Tenne	Tonne
Tante	Tinte	Tunte
Trasse	Tresse	Trosse
verwenden	verwinden	verwunden

Weitere Vierer sind:

Aba	Abi	Abo	Abu
Aser	Iser	Oser	User
Kappe	Kippe	Koppe	Kuppe
Keller	Killer	Koller	Kuller
Laser	Leser	Loser	Löser
Last	List	Lost	Lust
Mall	Moll	Mull	Müll
Matte	Mette	Mitte	Motte
Rast	Rest	Rist	Rost
ragen	Regen	Rogen	rügen
Schlacht	schlecht	schlicht	Schlucht
Stack	Stock	Stuck	Stück
Star	Ster	Stör	stur (Stier)
Stelle	Stille	Stolle	Stulle
Tete	Tote	Tute	Tüte

INHALTSVERZEICHNIS

Einleitung 5

Aa: Das geht ja gut los 7
Abkürzungen: Hybrid-Kürzel 7
Abtönungspartikel: Irgendwie und eigentlich 8
Adjektive 1: Nasser Humor 9
Adjektive 2: Die fehlende Mitte 10
Adjektive 3: Gertenschlank und windelweich 12
Adjektive 4: Ein Röslein rot 13
Adjektive 5: Lecker Würstchen 14
Akrostichon: Shakespeares Mysterium 14
Alphabet: Traumnote fürs Limnoplankton 15
Alphabetische Reihenfolge: Fix & Foxy 17
Anagramme 1: Törichterweise österreichweit 19
Anagramme 2: So dark the con of man 21
Anagrammgleichung: Uno, dos, tres 23
Antonym/Gegenteil: Untiefen der Bedeutung 24
Artikel: Der oder die Gleichmut 26
Ausdrücke: Maulaffen und andere Fisimatenten 26
Aussprache 1: Die mysteriöse Endung –ie 29
Aussprache 2: Mit Vogel-F und Fenster-V 30
Aussprache 3: Pömps statt Pamps 31
Aussprache – gleiche Wörter: Louschn oder Lozion 31
Aussprache – verschiedene Wörter: Das Rentier und der Rentier 33

Bedeutung: 5 x Puff, 5 x Rose 34
Betonung 1: Gerösteter Ballast 36
Betonung 2: Das perfekte Perfekt 38
Betonung 3: Mänäptehoi 40
Beugung: Mika-Häkkisen-Platz 41

Bilderrätsel: Paul & Willem 43
Bitte lächeln: Whisky please! 44
Blending: Zölibazi statt Schweißheilige 46
Buchstaben, häufigste: ENRISTAL 47
Buchstaben, wenigste verschiedene: Hipphipphurra 50
Buchstaben: lmnt & btiguc 51
Buchstaben-Mehrlinge: Von Babyboom bis Zusatzzahl 52
Buchstabenpaare: Exxon exxklusive 54

Chronogramm: Der Tod der Lilie 54

Dativ: Aschenputtels Deutschunterricht 56
Deutscher Konjunktiv: Halb gewönne, wer gut würbe 57
Diphthong: Von Tolstoi bis Stoiber 58
Doktorspielchen: Dr. Acula, Blutspendedienst 59
Doppelmoppel: Killekille 60
Doppelte Zwillinge: Paschaallüren 62
Dopplereffekt: Vom Genus zum Genuss 63
Drehwörter: Von Baumstämmen und Stammbäumen 63
Drillinge: Teeei & Pappplakat 65

Einwohner 1: Ibiza und Ninive 66
Einwohner 2: Länder 68
E-los: Fußballnationalmannschaft & Kriminalkommissarin 69
En-dung: Zwei Verben tanzen aus der Reihe 70
Englisch: 16 verschiedene u's 71
Essen 1: Knörzel & Renken 73
Essen 2: Menschen zum Genießen 74
Etymologie: Mayonnaise und Hannibal 75

Falsche Bezüge: Warmer Würstchenverkäufer 78
Feminina 1: Alkoholgenus 79

Feminina 2: Braut und Bräutigam 80
Feminina 3: Mapst im Muttikan 82
Feminina 4: Die Schlampe und der Schlamper 83
Feminina 5: Wanderin und Zauberin 84
Film: Garbo statt Monroe 85
Flüsse: Vater Rhein und die Rhone 85
Fragewörter: Das kleine Gespenst und Pu der Bär 86
Fugen: Ex-akt und Zäddeäff 87
Fugen-s: Mord(s)lust 88

Gegenteil: Mit Fug & Druss 89
Geköpfte Wörter: Gastronomie im Weltall 90
Genitiv 1: Der einsame Genitiv 92
Genitiv 2: Des Bauers oder des Bauern 92
Genitiv 3: Eine eigene Endung für zwei Wörter 93
Geschlecht: Der Coup, die Kuh, das Q 95
Großbuchstaben im Wort: BenQ und ProSieben 97
Günthi und Gotti: Sind Sie ganz sicher? 98

Handwerk ohne r: Heiteres Beruferaten 98
Hässlichstes Wort: Schrubbschlunz und Schrabblwonz 99
Häufigste Wörter: Die oder der? 100

Interpunktion: Dann ist geschlossen unser B& 101
Isogramm: Heizölrückstoßabdämpfung 103
Italienische Lokale: Da Bon Gustaio, pronto? 104

Kalender: Der falsche Tag 105
Kaskade: Lauter lautere Laute 106
Kindersprache: Rickeracke mit Geknacke 107
Kreisverkehr: Von Mao zu Oma 108
Kreuzworträtsel: Das Schlaue vom Himmel 110

Kurzwörter: Po – Porno – Prof – Profi – Promi 110

Längste Wörter: Eierschalensollbruchstellenverursacher 112
Längste Wörter in Film und Literatur: Wortschwallschlängel 114
Längstes unzusammengesetztes Wort: Nachsilbenwurm 115
Latein: Boa constrictor 116
Laute: Das Regime der Loreley 117
Leipogramm: Anton Foyls Fortgang 119
Literatur: Romeo ohne Julia 120
Logik: An der Grenze des Verstehbaren 120

Magische Quadrate: Bis zu 7x7 121
man: Das ärgert man aber 122
Maskulina 1: Euer Ehren ist eine Memme! 123
Maskulina 2: She went down, he went down 123
Meiste Konsonanten hintereinander: mpfpfl & Co. 124
Meiste Konsonanten in einem Wort: Schlumpf & Schlammschlacht 127
Meiste Vokale hintereinander: Teeei & Co 128
Meiste Vor- und Nachsilben: unvorhersehbar 129
Musik: Von Aida bis Yankee Doodle 130

Namen 1: Die rätselhafte Mona Lisa 131
Namen 2: Vorname = Nachname = Vorname 132
Namen 3: Der Iwan und der wahre Jakob 133

Ortsnamen 1: Längste und vor allem kürzeste 135
Ortsnamen 2: Marzipan und documenta 136

Palindrome 1: Alle von hinten 136
Palindrome 2: Madam, I'm Adam! 139
Pangramm: Schwyzer Käse 140
Paradoxon 1: Das deutscheste aller Wörter 142

Paradoxon 2: Ich will ja nichts sagen, aber ... 142
Perfekt: Das Fenster ist zum Meer gegangen 144
Phantomwörter: Heute schon epibriert? 145
Platzhalter: JWD 146
Plural 1: Die gängigen Formen 146
Plural 2: Die erste Königsfrage 148
Plural 3: Die zweite Königsfrage 149
Plural 4: Ein Wort, mehrere Plurale 150
Plural 5: Verschiedene Plurale je nach Wortbedeutung 152
Pural 6: (K)eine Pflanze gibt's nur einmal 153
Pluraliatantum: Meine schönste Flitterwoche 154
Präpositionen: Vier Fälle für ein Falleluja 154
Pseudo-Fremdwörter: Leckomio! 156

Q: James Bonds Waffenmeister 157

Rebus 1: Der Wortschatz 158
Rebus 2: Das ist der Pudels Kern 162
Rebus 3: Sogar im Duden 163
Rechtschreibung 1: das und dass 164
Rechtschreibung 2: Eine dämliche Weisheit 165
Rechtschreibung 3: Marylin oder Marilyn 165
Rechtschreibung 4: Schweizer Leckerli 167
Rechtssprache 1: Die Todesstrafe ist abgeschafft 168
Rechtssprache 2: Mangel der Ernstlichkeit 169
Reim : Blume und Phantome 170
Rückläufiges Wörterbuch: Schilda, Yucca und die Königin von ... 172

Satz ohne Subjekt: Mir bangt vor dieser Lösung 174
Satzzeichen: Hero und Leander 175
Schreibweise 1: dick und dicke 176
Schreibweise 2: Kebab oder Kebap 177

Schreibweise 3: Zwetsche, Zwetschge oder Zwetschke 178
Scrabble: S1 E1 X8 Y10 179
Silben: Aus Jux und Dollerei 181
Singular oder Plural: Die Pille und die Pillen 183
Sprache 1: Die deutscheste Sprache nach Deutsch 185
Sprache 2: Mangas und Koran 186
Steigerung 1: Absoluter Komparativ 187
Steigerung 2: Als oder denn 188
Steigerung 3: Komparativ mit Umlaut 188
Steigerung 4: Superlativ ohne Grundwort 189
Steigerung 5: Superlative ohne Komparativ 189
Striche und Pünktchen: Beijing & Ujiji 190

Titel ohne Worte: Mein Gott, Walter! 191
Trennung 1: D-i-n-o 192
Trennung 2: Miss Verständnis mit Angela bert 193

Uhrzeit: Zwanzig Uhr fünfzehn 195
Umgangssprache: Wirrwarr und Tohuwabohu 195
Umlaute 1: ä – ö – ü 196
Umlaute 2: Ein eigener Umlaut für nur zwei Wörter 197
Unübersetzbares: Fingerhut & Zeitlupe 198
Unverständliches: Nichts für ungut 199

Verb 1: Extra nur im Imperfekt 199
Verb 2: Lügen und betrügen 201
Verkleinerung: Stiefmutter und Stiefmütterchen 201
Verneinung, doppelte: Rien de rien 203
Vokal / Konsonant 1: Lo-ko-mo-ti-ve od-er Lo-ve-pa-ra-de 204
Vokal / Konsonant 2: Ri-si-ko-be-re-it 206
Vokale 1: Cointreau und die Stimmungskanone 207
Vokale 2: Die Permutationen 210

Vokale 3: etepetete und der Panamakanal 211
Vokaltausch: Ach Mutte! 212
Vornamen 1: Anton, Berta, Cäsar 216
Vornamen 2: Du mein voller Ernst! 217
Vornamen 3: Eike und Heike 218
Vorsilben: fangen, fehlen, finden 218

Währungen: Die Tausenddollarfrage 219
Werbung: Mit Jaguar in Georgien 221
Wortbau: Von Ecken zu Zecken 222
Wörter wie Sätze: Vergissmeinnicht 224
Wortpyramiden: Acht spannende Stufen zum Glück 225
Wortruinen: knorke und schnafte 227
Wortstamm: Der kürzeste Stamm 228
Wortteilung: Che-Fred-Akt-Öre 228

Ypsilon: Haydn und die Loreley 229

Zahl der Wörter im Deutschen: Fuzzy Logic 231
Zahlenspiele: Die Summe der Buchstaben 231
Zahlwort 1: Das a und o 232
Zahlwort 2: Das Chamäleon 233
Zahlwort 3: Teenager und ihre acht Buchstaben 234
Zu guter Letzt: Schlimmste Drohungen 235

Schlusswort: 236
Anhang 1: Capita Qualma 238
Anhang 2: Lösungen 242

Staunen bildet!

CUS
Das sonderbare Lexikon der deutschen Sprache
368 Seiten • gebunden
€ 16,95 (D) • sFr 27,90 • € 17,50 (A)
ISBN 978-3-8218-6061-9

Obwohl vieles an der deutschen Sprache rätselhaft scheint, ist dies keineswegs ein Rätselbuch. Es ist ein Lexikon der Sprachkuriosa, für das der Rätselmeister CUS sein Leben lang gesammelt hat. Es geht um die kürzesten Wörter der deutschen Sprache, die Wörter mit den meisten Vokalen (und die fast ohne), um Lehn- und Fremdwörter, um Verbotenes und Verheimlichtes, um vergessene und verfehmte Wörter, um unverständliche Sätze und unglaubliche Versprecher. Kurz: um alles, was die Sprache lebendig, begeisternd und liebenswert macht.

CUS

»Neues vom gemeinsten Fragensteller Deutschlands...« **taz**

Der Schöpfer der kultigen *SZ*-Sommerrätsel fordert seine Fans immer wieder aufs Neue heraus und bietet gewohnt kniffligen Rätselspaß für Denksportler. Dabei kommen nicht nur die Hartgesottenen auf ihre Kosten – hier amüsieren sich auch Anfänger, ohne gleich verzweifeln zu müssen.

978-3-453-68535-2

Was ist hier passiert?
Die besten Rätselgeschichten
978-3-453-68503-1

Was ist hier passiert?
Band 2
Neue Rätselgeschichten
von CUS
978-3-453-68535-2

Unterhaltsam, witzig und lehrreich

Edutainment bei Heyne

978-3-453-60080-5

Rainer Schmitz
Was geschah mit Schillers Schädel?
Alles, was Sie über
Literatur nicht wissen
978-3-453-60080-5

Marc Bielefeld
We spe@k Deutsch
... aber verstehen nur
Bahnhof – Unterwegs im
Dschungel unserer Sprache
978-3-453-60085-0

Claudia Hunt
What's for tea?
Englisch, wie es nicht
im Schulbuch steht
978-3-453-68534-5

Harry Mount
Latin Lover
Latein lieben lernen!
978-3-453-60093-5

Tony Perrottet
Das Ei des Napoleon
und andere historische
Sensationen, die unsere
Geschichtslehrer uns
verschwiegen haben
978-3-453-62031-5

Hier dreht sich alles um das Gedächtnis

Wie man sein logisches Denkvermögen in Hochform bringt

978-3-453-60064-5

Rüdiger Gamm,
Alexandra Ehlert
Train your brain
Die Erfolgsgeheimnisse
eines Gedächtniskünstlers
978-3-453-60064-5

Arthur Benjamin,
Michael Shermer
Mathe-Magie
Verblüffende Tricks für
blitzschnelles Kopfrechnen
und ein phänomenales
Zahlengedächtnis
978-3-453-61502-1

Christiane Stenger
*Warum fällt das Schaf
vom Baum?*
Gedächtnistraining mit der
Jugendweltmeisterin
978-3-453-68511-6

Birgit Adam
*Die besten Denk-
und Gedächtnisspiele*
978-3-453-68514-7

Birgit Adam
*Neue Denk- und
Gedächtnisspiele*
Zum Selberknobeln und
Rätseln im Freundeskreis
978-3-453-68538-3

HEYNE